# 人の世に平和を

次の世代へ平和を手渡すためのお母さん方へのメッセージ

林　正文

ツーワンライフ

## アンネのバラ

アンネフランクの父親オットーフランクから頂いたバラです。
（京都嵯峨野協会から頂いたものです）

# 妙圓寺の由来

滋賀県の念仏行者僧玄祐が青森県の恐山に参詣の後、花巻の地に立ちより四日町順覚寺西隣に草庵を結んだのが治承元年（一一七七年）であった。妙圓寺の開基は八二六年前である。

現本堂は享和元年（一八〇一年）の創建である。総けやきづくりの本堂である。本堂を建てた大工棟梁は宮沢兵蔵であり寺号は清水甚兵衛の母の名を付けられたと言われている。

妙圓寺は花巻小学校発祥の寺、江戸時代には妙圓寺現本堂じゃ寺子屋として花巻地方の教育の向上に寄与した、明治の初めには、第九番小学校（花巻小学校の前身）として初等教育の場であった。

二十二世住職の林正導の石碑、本堂建物正面に向かって左手にある大きな石碑は、寺子屋小学校の訓導だった林正導のことについて記した石碑である。当時の花巻町の指導者有名人が名を連ねている。

# 被爆アオギリ二世について

広島市長のメッセージ

　昭和二〇年（一九四五年）八月六日、爆心地から北東へ約一・三㎞、広島市中区東白島町の急広島通信局の中庭で被爆したアオギリは、爆心地側の幹半分が熱線と爆風により焼けてえぐられましたが、樹皮が傷跡を包むようにして成長を続け、焦土の中で青々と芽を吹きました。

　その後、被爆アオギリは昭和四八年（一九七三年）に平和記念公演に移植されましたが、〝平和を愛する心〟、〝命あるものを大切にする心〟を後世に継承するため、この被爆アオギリが実らせた種を初芽させて育て、成長した苗木を「被爆アオギリ二世」と名付けて配布しています。

　皆さんの手で大きく育て、平和の尊さを伝えていってください。

## 沖縄産相思樹（ソウシジュ）について

平成二十六年七月二十一日、現参議院議員糸数慶子氏が妙円寺で「沖縄平和への道」という講話をしていただきました。その際に寄贈された樹木です。

原産地はフィリピン・台湾・東南アジアで高さ五m～十mになる常緑の高木です。花は一cm以下の球状の花が多数集まって咲きます。本属は明治時代に台湾より導入されていたことから地力改善用として植栽された。

その昔、沖縄のひめゆり学園の校門の並木に植えられたもの。今でも、ひめゆり平和祈念館の庭に植えられているものです。

# 長崎被爆
# 平和のクスの木

昭和二十年8月9日長崎市山王神社のクスの木の大木が被爆しました。

長崎市式見中学校の生徒達が、平和のシンボルとして育てることになり当妙円寺にも寄贈して貰いました。

平成十二年九月二十四日中国で戦死した当時二十五年世住職林正教の祥月命日に作家早乙女勝元氏によって植樹していただきました。

二十一世紀が平和でありますよう心から念ずるものであります。

# 「求道すでに道である」石碑建立について

当山二十七世住職正文還暦（六十才）を機縁に京都大谷大学大学院へ入学を志し合格した折に宮沢賢治先生の弟様清六先生よりはげましのことばとして右記の色紙を贈られました。このすばらしいお言葉をいただき二年間毎週、月曜日、火曜日、水曜日と三日間朝六時十八分新花巻発の新幹線で京都へ通い平成九年三月大学院修士課程を卒業することが出来ました。修士論文も「宮沢賢治と浄土真宗」というテーマでまとめることができましたが、毎月清六先生のお宅へお邪魔して御指導いただいたおかげによりましてまとめることができたものです。

住職六十才から再出発できたのは、この清六先生のはげましのお言葉をいただいたおかげでした。住職として一念発起再出発できた大切なはげましのおことばをいつまでも忘れないようにと思い記念日を建立した次第です。

平成十五年二月八日　石林妙円寺　住職　釈正文

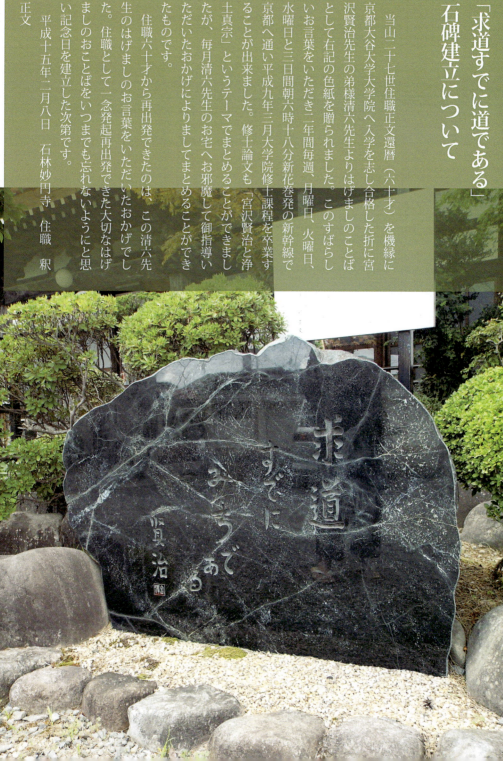

# 妙圓寺二十二世住職　林正導（香岳院正導碑）

妙圓寺現本堂は江戸時代寺子屋として、そして明治六年花巻小学校として花巻地域の最初の教育の機関となった。林正導は花巻小学校初代訓導であった。明治四十一年一月二十五日、日本最初の文学博士南條武雄師が記述した碑である。正導の長男、二十三世住職林正観は盛岡仏教会館初代館長であった。正観の長男、林正因は東京帝国大学在学中、宮沢賢治の父政次郎と親交があり当時の眞宗の高僧、清沢満之にたのみ毎年大沢温泉にて夏期仏教講習会を開催した。「花巻四思会」と名付け眞宗の高僧、暁取り敏師らをたのみ、仏教交流に尽力した。当時の湯口尊重、阿部兆（元岩手県知事、阿部千一の父）が会長となり、花巻地域の先達となった。宮沢賢治は幼少の頃からかかわっていたという。

南條文雄について（一八四九－一九二七）

明治時代の真宗大谷派の高僧、仏教学者。明治九年（一八七九）、本山東本願寺の留学生として渡英、オックスフォード大学でマックス・ミュラーに師事、サンスクリット文学を修め、留学九年間に、サンスクリットを通しての仏典研究に偉大な功績を残した。帰国後、東大講師となりサンスクリット文学を講じた。日本最初の文学博士である。

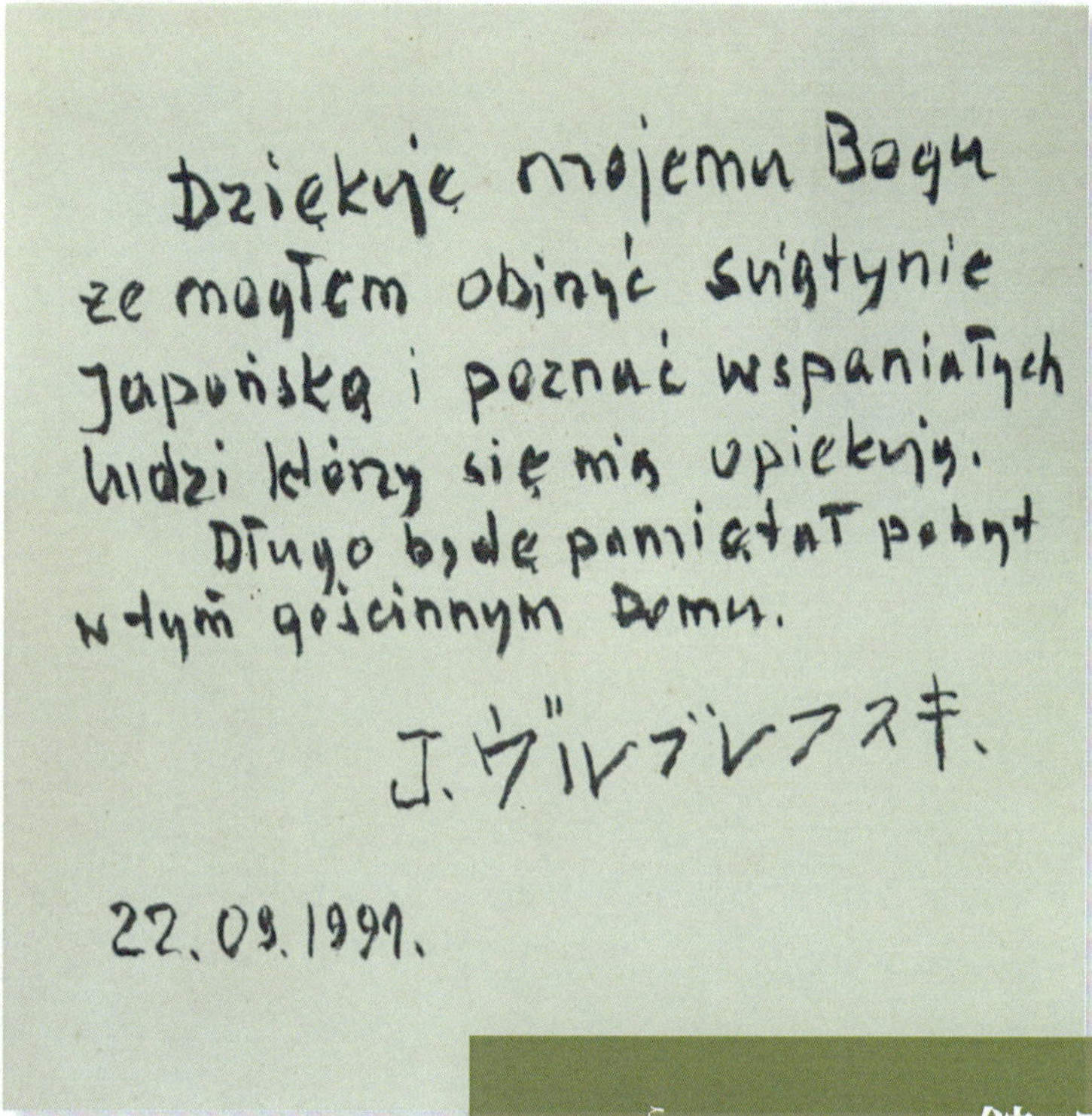
Dziękuję mojemu Bogu
że mogłem obejrzeć świątynię
Japońską i poznać wspaniałych
ludzi którzy się mną opiekują.
Długo będę pamiętał pobyt
w tym gościnnym Domu.

J. ヴルブレフスキ.

22.09.1991.

## ポーランド アウシュヴィッツ博物館 館長ヴルブレフスキー氏の色紙

色紙の訳は以下です。

日本におけるこの記念館設立に対して、そしてすばらしい人々との出会いに対して、神に感謝の念を捧ぐ

一九九一年9月22日　J・ヴルブレフスキ

# 広島原爆鎮魂歌　鉄菅梵鐘

昭和二〇年（一九四五）八月六日、米軍投下の世界初の広島原爆で壊滅した爆心地近くの某寺が復旧に際し、檀家が寄付した元軍艦用鉄管製の鳴音の悪い代用梵鐘が、戦後経過一〇年、本格的鳴音の響く真鍮製梵鐘に交換され、鉄菅梵鐘はお役御免と蔵入りしていたが、廣島西区の光西寺住職が戦時中記念品として譲り受け保管していた。

戦時中真鍮梵鐘の代用に、この鉄管梵鐘が使用された。戦後爆死者、食料難に泣く広島市民に朝夕鎮魂の鐘を鳴らした、岩手県原爆被害者団体協議会名誉会長斉藤政一氏より寄進されました。

# 第1回

# 花巻国際平和音楽祭

## *2015*

平成27年
**12月8日(火)**
開演18:30(開場18:00)

**なはんプラザCOMZホール**

主催：第1回花巻国際平和音楽祭実行委員会　委員長：林 正文
後援：花巻市、花巻市教育委員会、花巻国際交流協会、花巻市観光協会、岩手県ユニセフ協会花巻友の会、花巻寺町文化村、宮沢賢治学会イーハトーブセンター、ゆいっこ花巻、えふえむ花巻、花巻ケーブルテレビ、岩手日報社、岩手日日新聞社、花巻信用金庫、林風舎、花巻市合唱団連盟

# 第一回国際平和音楽祭の様子

パンフレット前ページ参照。

# 序文　戦後ドイツの「生命を育む人間教育」に学ぶ

# 戦後ドイツの「生命を育む人間教育」に学ぶ

## ――ドイツ3K主義について

ドイツの子供は明るく勤勉で質素、そして親孝行であると最近ドイツから帰ってきた人に聞きました。ドイツ人は家庭を大切にして質素な生活を営んでいるとのことです。

日本は今何事にも無気力、無関心、無感動な生活をおくる若者が多くなってきたといいます。若者だけでなく子供たちも、老人も、他人のことには無関心という人達がどんどん多くなってきたように思います。思いやりの心、やさしさ、が人々の心からだんだんなくなっていくように思われてなりません。日本人だけでなく人間の愛の心が弱まり失われていくことは、人類の危機につながると思います。

ドイツでは、今3K主義といって三つのことを大切にして生命を育む人間教育をすすめているそうです。特に三つのことを母親が中心になって実践しているのです。大切な三つとは、次の三つです

一、教会《キュウルヘ》　二、幼児《キンダー》　三、台所《キュツヘ》

教会へ家族そろって毎週でかけます。宗教心を育む家庭教育を大切にしているのです。日本では、無宗教な家庭が多くなっていますが、小さいときからドイツでは神の存在に気づかせる教育をしています。そして幼児を大切に愛情こめて育てています。幼児期にきびしくしつけをしますが愛に裏うちされた教育をしています。日本では、中学生活になってから、急にきびしく教育をしている家庭が多いように思います。幼児期の愛の教育が大切なのです。

ドイツの家庭ではお母さんの手づくりの料理が毎日食卓にでます。

お母さんの手づくりの料理を毎日食べれる子供は、何事にも意欲的でしかも思いやりのあるやさしい心の人間に成長するのです。

今日本では、お母さん方がスーパーから買ってくる袋ずめのものを手を加えずにすぐ食卓にのせるのが常識になってしまっているようです。

お母さんが食事について手抜き工事をすると子供は意欲のない子供になり、無気力、無関心、無感動な人間となります。

お母さんの真心こめた手料理を毎日作ってあげてほしいと思います。

ドイツのお母さん方が大切にしている3K（宗教心を身につけさせる、幼児期の教育に全力投球する手料理を毎日心こめてつくる）を日本のお母さん方にも是非実践していただき二十一世紀を荷負う素晴らしい人間づくりに生命かけて欲しいと念ずるものです。

## ユニセフ（国際児童基金）協力により
## 子供達に思いやりの心を育てたい

今年八月十九日に岩手県花巻市立桜台小学校の全校朝礼に出向き五年生の福祉委員長永井まき子ちゃん達が全校生徒によびかけて集めた五万七千円のユニセフ募金の贈呈式に出席し募金をいただいてきました。私は平成元年四月から花巻市にユニセフ友の会を設立し活動をつづけておりますが、小学生の全校生徒に呼びかけた自主的なボランティア活動には本当に感動しました。

発展途上国をテーマとした劇を生徒達が自主的に企画上演をしたところ全校生徒が感動し募金をすることになったそうです。校長先生も先生方も知らないうちに募金の輪がひろがっていったそうです。すばらしいことです。

全国の幼稚園児、小学生、中学生、高校生にも是非このようなユニセフ活動協力によって思いやりの心、愛の心を育ててほしいものです。そして共に生きる教育を積極的に推進して欲しいと思います。

目次

## Ⅰ　平和を願う子供を育てるには

## II 妙円寺・テレホン法話――やさしい仏教のお話――

## III 平和への願い

# 人の世に平和を

――次の世代へ平和を手渡すための
お母さん方へのメッセージ――

# 「人の世に平和を」

作詞　はやし ただふみ
補作詞作曲　ながさわ ひでを

一、あゝ父《ちち》なる輝《かがや》き　太陽《たいよう》の　恵《めぐ》みにあまねく　尊《とうと》きを
分《わ》けあう慈愛《じあい》の　よろこびは　汝《な》がため我《わ》がため　万物《ばんぶつ》の
願《ねが》う平和《へいわ》の　幸《しあわ》せを　願《ねが》う平和《へいわ》の　幸《しあわ》せを

二、あゝ母《はは》なる大地《だいち》よ　大海《たいかい》の　はぐくみ育《そだ》てし　やさしさを
伝《つた》えん未来《みらい》の　わらべらに　汝《な》がため我《わ》がため　万物《ばんぶつ》の
願《ねが》う平和《へいわ》の　幸《しあわ》せを　願《ねが》う平和《へいわ》の　幸《しあわ》せを

三、あゝ聖《せい》なる星座《せいざ》を　仰《あお》ぎみて　戦《たたか》いなき世《よ》の　やすらぎを
願《ねが》わん真《まこと》の　人《ひと》として　汝《な》がため我《わ》がため　万物《ばんぶつ》の
祈《いの》る平和《へいわ》の　幸《しあわ》せを　祈《いの》る平和《へいわ》の　幸《しあわ》せを

# Ⅰ　平和を願う子どもを育てるには

# 幼児を育てているお母さん方へのメッセージ

## 学習と薫習《くんじゅう》

毎日、幼稚園の子供達と生活を共にして居ると色々大切な事を学ばせて頂きます。幼児も又遊びを通して毎日沢山の事を学んでおります。然し、家庭環境に恵まれない子供は園に来ましても友達と仲良く遊べません。道具が沢山ありましても遊ぶ意欲を示してくれませんし、給食の時間になっても食べる意欲を示さず、全然楽しそうに見えません。今、幼稚園では、そういう子供達がここ二、三年どんどん増えて居るようです。

「家庭は人間の心を育てる畑です!」

思いやりの心と意欲を持った生き生きした人間を各御家庭で育《そだ》てて行かなければと思います。「お母さんは心の基地」です。

お母さんの毎日の生活のリズムを整《ととの》える事が先ず大切だと思います。

即ち、早寝・早起きと、朝食を家族一緒に出来るだけ頂くようにする。

夕食も家族揃って頂くよう心掛けるetc…。そして、お母さんの「愛の眼差《まなざ》し」が子供にやる気を起こさせます。

お母さんの眼差しを向けられない子供は、やる気をなくします。遊びに集中する事が出来なくなります。友達と一緒に遊ぶ事も出来ません。

「我今無所歸　孤独無同伴」(我今帰るところなし。孤独《こどく》にして無同伴《どうはん》なり)これは『往生要集』に述べられている地獄の世界を表現した言葉ですが、まさに今子供達はお母さんのやさしい眼差しや家族のやさしさにふれる事なく、拝金主義の犠牲《ぎせい》になっているように感じられてなりません。所で〝学習〟という事に就いて述べて見たいと思います。空を飛ぶ鳥は、親鳥の飛ぶ姿を真剣になって見て真似るのだそうです。学ぶというのは、この真似《まね》ぶという事から来て居ます。又、習うという字は羽を書いて白と書きます。鳥が飛ぶ事を習う時の事から出来た字です。

木登り（高いところは気持ちがいいね）

鳥は飛ぶ時羽を広げて飛び、羽を広げたらどんな鳥も脇《わき》の下は白い。

羽を広げた時の白い所を出すのを何回も見て飛ぶ事を覚えるのです。

この見て真似《まね》ぶと見て習うという学習をしないと、空を飛ぶ鳥は空を飛ぶ事が出来ません。

高等動物になる程、見て習わないと一人前になれないのです。人間も同じです。一人前の人間になるには見て真似ぶ・見て習うというお手本となる親が存在する事が不可欠《ふかけつ》なのです。

特に、幼児期は人間形成の土台づくりの時期で、一番大切な時期です。

一番大切な時に手抜き工事をするお母さん方が最近多くなっているように思われてなりません。

次に仏教では薫習《じゅう》という事を教えて居ます。人間の心の奥底には「阿頼耶識《あらやしき》」という心があります。阿は無限大、頼耶は蔵とか入れ物という意味です。そして、識は心と言う事です。

心の根本識の事です。私達の毎日の生活は身、口、意の三業によって行動して居ます。身業は体の行為、口業は言葉の行為、意業は心の行為です。

私達の毎日の行為は阿頼耶識に全部記録されるのです。良い事も悪い事もインプット（input＝入力）されます。

ですから、私達が行動したり考えたり話した事がみな周りに居る人達、家族の一人々々や出会った人達の阿頼耶識に記録されて行くのです。〝大人の行為〟が丸ごと子供達の阿頼耶識に毎日記録され組み入れられます。大人の毎日の生きざまが大人の気付かない所で子供の人格形成に大きな影響を与えて居るのです。

学習は意識の行為ですが薫習は無意識の知らず知らずの行為なのです。

どんな親と出会うか。どんな人的環境で生活して居たかが子供の人間形成・人格形成に大きな影響を与える事になります。

子供達は毎日、親の生きざまを見て生活しています。特にお母さんの生きざまに目を向けながら育つのです。あらゆる経験を大切にして生活する事が我々、大人に願われて居るのだと思います。子供の為に全力投球して生きて下さいと幼い子供から願われて居るのです。

今に生命をかけて「感性豊かなお母さんになって下さい」と子供達から期待されて居るお母さんなのです。

親も育てば子も育つのです……。

子供達へのやさしい眼差《まな》しを絶えず向けて欲しいと思います。親が変われば子どもも変わります。

子供は、お母さん次第でどんどんすばらしい人間として成長して行きます。

幼児を持つお母さん方、今が本番です。今が一番子供達へ愛情を注ぐ時です。

子供達の願いに応える〝素敵〟なお母さんになって下さい。お母さんが目覚めると、お母さんは子供を救い、地球を救う大きな力となります。お母さん方、頑張って下さい。

# 子供達に本の読み聞かせを

入園三ケ月日を迎え四月に幼稚園に入園した子供達も園生活にすっかりとけこみ毎日生き生きと生活しています。幼稚園では毎日一冊担任が本のよみきかせを行っています。読書による子育ては大脳の発達をうながし、やる気と思いやりの心を育てます。御家庭でも是非お母さま方に本のよみきかせを毎日実践していただきたいと思います。毎日の本のよみきかせは、親子のコミュニケーションであり子供の心に深くしみこむ〝おふくろの味〟となります。幼児期の基本的なしつけや日常のあたたかなふれあいに欠ける子育ては子供の欲求不満をひきおこします。親が愛情をもって子供と接し毎日本のよみきかせをくり返してやることが子供の将来を左右する重要な人間形成の土台づくりとなります。子供はお母さんのよみきかせを毎日待っています。仕事をやりくりして今日からさっそく心をこめて本のよみきかせをしてあげて下さい。お願いします。

子供は、幼いほど集団欲、つまり親にかまってもらいたい本能があります。これが満たされないまゝ大きくなると欲求不満が高じて問題行動に走る場合が多いのです。三離四走ということばがあります。家庭、学校、社会から離れ（三離）万引き、車の暴走、シンナー、セックスに走る。これらは集団欲を満たされなかった子供たちによる集団的な行動です。なんでも手軽に入手できる現代は子供達から「おふくろの味」をうばい、満たされない集団欲の原因をつくり出してしまいました。手作りのおやつをつくり衣服をつくろう母親が少なくなり、おふくろのおをとった「ふくろの味」をおしつけられています。是非本のよみきかせをお願いします。親子読書はおふくろの味です。

## 薫習《くんじゅう》ということを考えて子育てを

仏教では薫習ということを教えています。人間の心の奥底には阿頼耶識《あらやしき》という心があります。阿は無限大、頼耶は蔵とか入れ物という意味です。識は心ということです。私たちの毎日の生活は身口意の三業によって行動しています。身業は体の行為、口業は言葉の行為、意業は心の行為です。私達の毎日の行為は阿頼耶識に全部記録されるのです。良いことも悪いこともインプットされます。ですから私達が行動したり話したりしたことが皆周りに居る人達や家族の一人一人、出会った人達の阿頼耶識に記録されていくのです。大人の行為が丸ごと子供達の阿頼耶識に毎日記録され組み入れられます。大人の毎日の生きざまが大人の気付かないところで子供の人格形成に大きな影響を与えているのです。学習は意識の行為ですが薫習は無意識の行為なのです。どんな親と出会うか、どんな人的環境で生活しているか子供の人間形成に大きな影響を与えることになります。

子供は毎日親の生きざまを見て生活しています。特にお母さんの生きざまに目を向けながら育つのです。あら

スイミング（プールは楽しいね）

ゆる経験や行動を大切にして生活することが、今子供たちから我々大人に願われているのだと思います。

## 次の世代へ平和を手渡す具体的行動を

私の父は私が三才の時中国の重慶に行き戦死しました。母は二十八才で戦争未亡人となりお寺の住職代理として住職の仕事をしながら私と妹を育ててくれました。戦禍で苦悩した生命《いのち》奪われた父のいのちの叫びを聞きつづけ、戦争とは何かを学び、生命の尊さと平和の大切さを心から摑みとれる人間になりたいと思いつづけて参りました。一昨年「アウシュヴィッツ」遺品展を市文化会館で開催しました。三千名をこえる見学者が戦争の悲惨さ、愚かさを心に刻む貴重な御縁になったと思います。

ポーランドに「歴史はすべての智慧の母である」ということわざがあるそうです。過去の戦争の事実を正しくみつめ学ぶことは、二度と愚かな戦争を繰り返さないための智慧なのです。今、湾岸戦争が続いております。絶対平和の実現の為、私達に出来る事を具体的に行動で示していかねばと思います。日頃御父兄の皆様にはユニセフ募金（世界児童基金）に御協力いただき本当にありがたく存じております。戦争の犠牲となり飢えに苦しみ幼稚園にも行けない子供達が、世界中に一億人もいます。そして毎日世界で四万人の子供達が栄養失調で亡くなっています。戦争の愚かさを正しく学びユニセフ募金の協力を通じて次の世代の子供達へ平和を手渡す具体的行動を進めて参りたいと思います。御父兄の皆様方の御理解と御協力をお願い致します。

## 心はいつでも新しく毎日何かしらを発見する

先日東京の青山円形劇場で「星の王子さま」の劇を見学してきました。フランス人三名の劇団でしたがすばらしい公演でした。感動して見てまいりました。その公演の中で作者は（サンテグジュペリ）「大切なものは目に見えないものだ。真実を素直に見る目を大切にしよう」と観客にメッセージをおくっていました。幼稚園に毎日元気に通園している子供達は毎日の生活の中ですばらしい発見をしながら生活をおくっています。大人の私達が毎日見過ごして暮している四季のうつり変わりや秋の虫達の生命の叫びに素直な目をむけ耳をかたむけ興味関心好奇心をもって生命一杯感性豊かな生活を送っています。「学ぶということは変わることです」と宮城教育大学学長の林竹二先生は云っておられます。子供達は毎日自然に学び大地に学び友達に学んで感性をみがき人間性を豊かにはぐくんでおります。そして、「心はいつでも新しく毎日何かしらを発見する」生活を実践しています。目に見えないものを大切にして生活している子供達から大人の私達は今大事なことを問われているように思います。「心はいつでも新しく毎日何かしらを発見する」という生活を心がけてゆかねばと思うこのごろです。

## ヒトから人間へ

ある幼児教育者がこれからの理想的な人間像として三つの条件をそなえる人間をあげています。一、きちんと挨拶の出来る人間、二、人のいたみのわかる人間、三、常に問題意識を持って歩む人間。今幼稚園では、基

応援合戦（フレーフレー赤ぐみ、フレーフレー白ぐみ）

本的生活習慣を身につける保育、生命を大切にする保育、宗教的情操教育を保育の大事な柱にかかげて保育しております。まず幼児期にきちんと挨拶ができるようにと思います。大人になっても挨拶のできない人の多い時代になったような気がします。家庭でも御指導をお願い致します。又飼育栽培等、生命を大切にする保育を通して人のいたみのわかる、やさしい心を持った子供たちに育ってほしいと願っております。宗教的情操教育を通じて、目に見えるものだけでなく、目に見えない尊いことへの敬いの心や信頼の心を育て、常に問題意識をもって歩む人間を育てて参りたいと思っております。現代は人間性喪失の時代といわれています。お金がすべてであり、お金が一番尊い大切なものだという大人の考え方や生きざまを見て子供たちは育ちつつあります。我々大人のそういう生きざまを根底から問い直さねばならない時代であります。自分中心の日暮しを送るヒトから、人のいたみをわかりあい共に歩む人間を育てていくことこそ今、我々大人に課せられた最も大切な仕事ではないかと思います。共に手をたずさえて、ヒトから人間への本格的な子育てをすすめて参りたいと願うものです。

# 子供と共に生命の尊さを学ぶ

十二月十三日より十七日まで「心に刻むアウシュヴィッツ展」を花巻市文化会館展示ホールで開催いたしました。

第二次大戦中、ポーランドでは、ナチスドイツによって六百万人の人々が戦争の犠牲となってなくなりましたが、そのうちの二百万人は子供達だったそうです。十四才未満の子供達がアウシュヴィッツ収容所で毒ガスによって殺されてしまったのです。戦争に関係のない子供達や老人、女性がいつも戦争によって大きな犠牲を強いられるのです。戦争は、人間を非人間化してしまいます。二十一世紀を担う私達の子供達に私達大人は、戦争のない平和な世界をバトンタッチしなければならない使命があると思います。「アウシュヴィッツ展」を通して多くの人々に平和の大切さ、生命の尊さを心に刻んでほしいと思っております。

今、当園では生きとし生きるものの生命の大切さ、物の大切さ、平和の大切さを飼育栽培、体験学習、絵本や童話を通して、学んでおります。

家庭でも是非生命の尊さを子供達と共に学ぶ機会をもってほしいと思います。最後に、西ドイツのワイツゼッカー大統領のことば「過去に目を閉ざす者は、現在にも盲目となる」ということばをいつも心に刻み保育をすすめて参りたいと思います。

# 絵画交換で世界平和の実現を

来年度の新入園児募集も十一月十五日で終わりましたが百四十六名合格、来年度は三百三十二名で保育スタートという事になりました。定員を十三名オーバーして保育をする事になりました。来年度も沢山の園児をお預かりする事になりまして、責任の重大なる事を痛感致しております。

今年度の全国教育美術展岩手県審査会において、当園は特選二点入選二十二点入賞、岩手県学校賞を授賞、全国審査会におくられる事に決定致しました。又、世界児童画展の県審査会では、入選六十九点で中央の審査に回される事になりました。来年の中央審査会の結果が大変楽しみであります。

先日、外務省にお願い致しまして、園児の絵画を世界の国々の子供達へ送り、絵画交換を通して世界の子供達と友達になり、世界平和の実現を呼びかける事になりました。今、園児は毎日一生けん命心をこめて絵画製作に取り組んでいます。

お正月も間近くなってきましたが、新年早々世界に届く

と思います。
お父さま、お母さま方もどうぞ子供達を励ましてあげて下さい。

## 愛情豊かな家庭づくりを

子供の人生への出発は、家庭で行なわれます。家庭は、子供にとって一番大切な所です。家庭は子供がどんなに大きくなっても何よりも心のよりどころとなっていく所です。良い子を育てる第一歩は信頼と愛情に満ちた、なごやかな良い家庭づくりから始めることが大切です。いざこざの絶えない家庭からは問題の子供が出てきます。問題の子供は問題の家庭から生ずるのです。今まで幼児の教育を「しつけ」と呼び「おしつけてよいことをさせる」という考え方で子供に強い欲求をおしつけることが、しつけ教育と考えられていました。

親は、大人だから勝手なことをしてもよく子供だけがやかましく規則をおしつけられることが少なくなかったのです。子供が守らなくてはならない規則は親も又守っていかねばならないのです。家庭内での民主化が行なわれて初めて、子供のしつけを成功に導くことができるのです。子供の教育は理論でも説教的な教えでもなく暖かい家庭の風が行うものです。

子供は愛されることによって愛することを学びとるのです。親自身が態度で示す時に始めて子供も態度で表わすようになってくるのです。

# 子供は二十一世紀からの留学生

七月下旬、ソニー名誉会長、井深大氏が主催する「幼児開発セミナー」に参加してまいりました。その研修会の中で「人間性を育てる親子のふれあい」と題して東京家庭教育研究所の川越淑江先生の講演がありました。およそ次のような要旨でした。

綱ひき（みんなの力は、すごいね）

昔の親達は、そんなに神経を使わなくても子供は育った。何故かというと時代背景があった。どういう環境だったかというと、貧しくてお金がなくて子供が大勢いたという悪条件が、生活していくには子供同士が分けあったりゆずりあったり思い合ったりしなければ生活できないことを教えた。だから親が特別にやらなくてもそういう心が自然に育っていく。いわゆる家庭教育の機能が家庭の中にあった。ところが今は豊かで子供も少なくなったので、分かち合うとか物をゆずり合うとか我慢をさせるとかいう生活経験を持たせないで子供を大きくする人が多い。又今は心の貧しい時代といわれる。特に意を用いて心豊かに育つような教育をしていかなければならない。豊かな心を育てるためには、お母さんが心豊かにならなければならない。なぜなら心という形のないものを子供に教えていくためには、お母さんが体を通して教えていく以外にないのだ。あと十三年たつと二十一世紀。子供は未来からの留学生だと思って育てていただきたい。二十一世紀の未来社会から我が家に預けられている留学生。留学中にしっかり勉強させて二十一世紀に返してあげたい。そのためには親が自分の行動によって一人でも多くの人を幸せにすることができるように、そして、人間らしい人間として自分が生活することが先決ではないだろうか」

以上、教育の原点にふれるような講演でした。私達も日常生活の中で自分自身の生きざまをふりかえりながら子供達と共に歩んで考えたいと思います。

## 親が育つと子も育つ

幼児教育は一人一人の子供達をよく見てその成長にあった教育を行うことが大切です。一人一人の成長が姿を見るには種々方法があります。一つの傾向を次に記してみます。一才児は「よく見る」二才児は「よくまねをする」三才児は「欲しがる」四才児は「やりたがる」五才児は「聞きたがる」六才児は「自分でやる」以上のように年令によって成長の姿が違います。

子供は親のいう通りにはしないが親のやる通りにはするものです。親の日常生活をよく見て生活しているのが子供です。親の生活がいつも子供に問われていることを考えて生活しなければと思います。幼児の「よく見る、まねする、欲しがる、やりたがる、聞きたがる、自分でやる」この傾向の芽を伸ばすか摘みとるかによって心の成長が変わってきます。一度摘みとった芽を再び伸ばすことは大変困難なのです。意欲を持った活動的な子供に育つか、無気力な子供に育つかは、このような身近なことの積み重ねできまるのです。お母様方の育児に対する姿勢、子供に処する心がまえが子供の心の成長に大きな影響をあたえるのです。お母さんが子供と共に学び生きる姿勢を確立することが大切だと思います。

畑づくり・とうもろこしの収穫（おおきくなっておいしそう）

田植え（苗を丁寧に植えます）

畑づくり・20日大根の収穫（根っこがのびてるねーっ）（著者、子供と）

稲刈り（鎌で上手に刈れました）

大谷幼稚園では、「ともに生き、ともに育ちあう保育を実践しよう」という願いをもって保育をしております。親が育てば子も育つ。保育者が育てば子も育つ。お母様方子供達の幸せのため頑張りましょう。

## 親がかわれば子もかわる

親がかわれば子もかわる。先生が変われば園児も変わる。私はいつも先生方にそんな話をしています。勿論園長が変われば先生も変わるということです。子供の成長にとって最も重要なのは幼児期です。この時期に母親が子供を十分愛し、親子の信頼関係がしっかりできていると子供は心が安定し、のびのび育つ。いわば母親は子供がのびるための土台であり栄養だということです。親子関係がうまくいっていないと子供の能力ものびず、しぼんでしまうということです。親が変わると子供も変わるというのはどういうことかと云いますと、親がありのままの自分の姿をみることができるようになるということです。自分のありのままの姿をみることができるようになると心に余裕ができ、子供のこともよくわかるようになります。そうすると子供は云われなくてもやる気を出すようになるということです。先生と園児の関係、そして園長と先生の関係も同じだと思います。幼児教育は人間形成の基盤となる大切な時期です。園側も御父兄の皆様方も一体となって、心を一つにして大切な幼児期の子供達の教育を真剣に考え、子供達の可能性を伸ばすよう頑張って参りたいと思います。自分を見つめ自分を問いつづける教師でありたいと願うものです。お母様方にも幼児教育を本気になって考えていただきたいとおもいます。

# II

## 妙円寺・テレホン法話

――やさしい仏教のお話――

三月の法話

# 「生きるということ」

平成三年三月二日

真宗を学ぶということは、人間誕生ということをあきらかにすることであります。

生まれるということは、生きるということであります。

私達の人生は四つの限定をもっています。

人生は一回限りです。やり直しがきかないのです。そして単独です。私達は夫婦であろうと兄弟であろうと親子であろうと、単独的に生きる。人に代わってもらえない人生を歩んでおります。

更に、私達は有限なる存在であります。無限を夢みても有限であります。そして、有限の終わりはいつくるかわからない、無常なる存在であります。平等にこの四つの限定の上を我々人間は生きているのであります。

親鸞聖人は「往生」ということについて次のように教えてくださっています。

往生の往は行くということです。そして往生の生には、「誕生する」「生きていく」「生産する」という意味があります。

「往生」とは往き生まれる。即ち、生きるということでありまして、更に具体的には何事か新しい自分を、何事か、新しい世界を生み出すという意味があります。

お釈迦様は誕生の時に「七歩《しちほ》歩いて天上天下唯我独尊」といわれました。それは、道を求めて歩いてその道を本当に自分のものとして成就する。という意味があるのです。人間がこの世に生まれてきたのはただ一定の

お話の絵「かさじぞう」

年齢まで衣食住の満足を求めて生きているのではないということです。

即ち、私達の人生は、道を求める人生だということです。そしてその求めた道が得られて本当にこの道を自分のものとして成就する。更に、どんな不幸なことがありましても、自分をすてない、他とくらべて自分をおとしめない、自己自身値打があるのだという意味を表したのがお釈迦様誕生、についての教えであります。

生きるということは、生まれるということであります。道を求めて、生まれ続けていくということであります。親鸞聖人のご生涯は道を求めて生まれつづけ生まれつづけて、たえる、ひまがない、歩んでやまない、ご生涯でありました。生きると言うことの意味を親鸞聖人の御生涯に学んで、我が歩みを問い直して点検吟味しなければと思うことであります。

四月の法話

# 「悩みを悩むことから明るい生活が開かれてくる」

四月二日

人間は悩むことを通して、悩む必要のない世界を開いていく、そういう世界に目覚める。これが悩みの大切な意義であります。人間というものは単なる生存でなく、大切なことに目覚める、そういう構造をもった存在なのであります。即、覚存、自覚の覚に存在の存という字を書きます。目覚めるべくして存在しているのが人間であります。悩みを通して悩む必要のない世界を開いていくことを覚といいます。覚という字は自覚の覚です。悩む必要のない世界が開かれていった時は、悩みが始めて生きてくる。苦労も生きてくる。一切が生きてくるのです。

問題の解決は問題のある場所にあります。

悩みの解決は、悩むところにあります。悩むことがその悩みを突破する契機（チャンス）になるのです。

悩みがなくなることが悩みの解決ではありません。悩みが悩みのままなら、又もともと、悩みの解決は悩みを突破する悩みになればよいのです。

これを「こおりおおきに水多し、さわり多きに徳多し」と親鸞聖人は言われています。

私共に自覚があれば、なにも無駄なものはないはずです。自覚がなければ全てが無駄になる、せつなく悩んだのだからその悩みを縁として、悩まない世界を開かねばなりません。ただいたずらに悩み、苦労したことで終わっては残念であります。苦労したことによって、人間の考えが破れるところに、始めて苦労したことの値打があるのです。

苦労すればするほど人間明るくなるのでなければなりません。人間のはかない考えが破れてくるところに苦労の値打ちがあるのです。苦労すればするほど明るくなる。それでこそ苦労が生きてくるのです。今日はこの辺で。

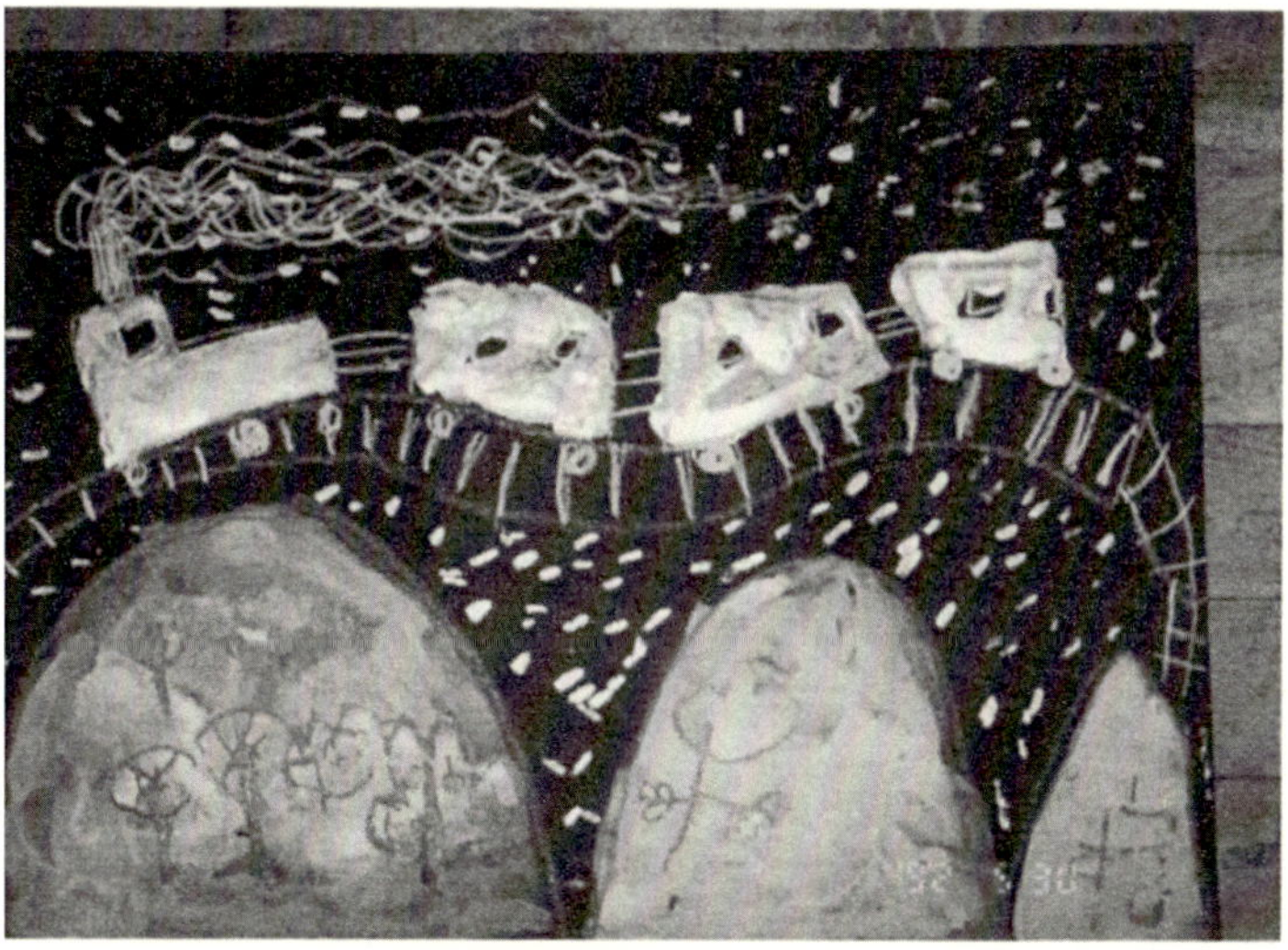

お話の絵「銀河鉄道の夜」

五月の法話

# 「人生は苦悩の世界である」

五月三日

妙円寺の林です。よろしくお願いします。

四月末からかぜをひきまして、なかなかおりません。せきどめを飲んでいますがまだ治りません。お経の声も思うように出ません、いつも声が出るのを当り前だと考えておりましたが、声が一つなり出るのもありがたいことだったなあと気づかされました。鼻がつまって、食事をする時に、においがわかりません、せっかくのおかずのにおいがわかりませんとおいしくいただけません、私は、今回、久しぶりでかぜをひいて、健康でおいしく御飯をいただけることのありがたさをしみじみ感じさせられました。

病気になって始めて私達は、普段当り前だと思っていたことが実は当り前ではなかった。ありがたいことだったと知らされます。

「人生は苦悩の世界であり、また無常の世界であります」

病気になってみて始めて、自分の体がいかにあてにならぬものであったかがわかります。先月、私の同級生が五十二歳でなくなりましたが、同級生の死亡という事実に出会って、今更ながらこの世の無常なることに気づかされます。

健康や財産や愛情などをあてに生きている私たちですが、それらは、因縁の仮合によってかりに存在しているにすぎませんからいわば、借り物です。「借用期限がくればさっさとなくなってしまいます。」私たちの体はあてになりません。できるだけ病気にならぬよう摂生をし、養生しますが、やはり病気になるときは病気になり死ぬべき時には死んでしまいます。悲しいけれどもこれが偽らざる人生の事実であります。

実は私たちは毎日さようなら、さようならと言ってこの無常の世に生きているのです。

「煩悩具足の凡夫火宅無常の世界はよろずのことみなもって、そろごとたわごと、まことあることなきに、ただ念仏のみぞまことにておわします」と親鸞聖人はおっしゃっています。私たちは無常の世界のただ中において、お念仏を唱えずにはおけません。

念仏を申すことにおいて、どういう宿業でも素直にうけとっていこうとする心がいつのまにかめぐまれてきます。お念仏と言うのは宿業をどこまでも受けとっていこうとする心であります。私たちは生きている限り流転をくり返します。いかり、はらだち、そねみ、ねたみながら毎日の日暮しをするのです。悲しいことでありますす。しかし、同時にそれは如来大悲に包まれた中での日暮しなのです。

「み光のただ中にして流転かな」これは木村無相師の句です。味わいのある句であります。このすばらしい句を味わいながら今月も歩んでまいりたいと思います。

六月の法話

# 「家庭は人間の心を育てる」

**六月一日**

今日は、林です。今月もよろしくお願いいたします。今年ももう六月になりました。光陰矢のごとしですね。毎日を大切にして歩みたいと思います。

家庭は人間の心を育てる畑だと申します。

現代は人間性喪失の時代とも言われています。人間が本当の人間の心を見失って生きている時代だということです。本当の人間の心とは、自立心と連帯感ということです。即ち意欲と思いやりの心であります。ただ、生活に追われ、食って、たれて、寝ての生活のくり返しが今の私たちの生活ではないでしょうか。そして他人への思いやりの心などもたなくなった私たちの日暮しではないでしょうか。

教えを聞くということがなければ人間はその日暮しの行き当りばったりの生活を送ってしまうのです。そして自分中心の生活を送り独断と偏見の日暮しとなり、共に歩む生活が見えなくなってくるのです。ところで日本人は世界一が四つあるといいます。一つは日本人は世界一の金持ちになったということです。そして、二番目に世界一長生きの国民となりました。三番目に世界一自殺者の多い国民となりました。そして四番目に世界一、信仰心のまけてる国民であります。

今、物は豊かになったが、自殺者世界一。長生きはしているが信仰心をもって心豊かに生きている人が少ないということであります。

「いもほり」

二十一世紀に向かって今こそ、各家庭において、一人一人が本物の信仰心（宗教心）をもって生活をしなければならない時だと思います。仏教の教えを聞く生活を皆様にすすめたいと思います。教えを聞くことによって一人一人が本当の人間の心をとりもどすことになるのです。そしてそのことによって意欲に満ちた充実した人生が開かれ思いやりの心が家庭の一人一人に育っていくのです。

「四海の内皆兄弟なり」と親鸞聖人はおっしゃっています。共に生き共に歩む、聞法生活即ち（御法を聞く生活）を皆様におすすめいたします。

私どもの真宗大宗派妙円寺では、毎月八日と十八日と二十八日に午後一時〜三時まで法話を行っています。是非おでかけ下さい。

又、月四回親鸞の教えに学ぶ法座も行っています。電話二三・五四三九へお問い合わせ下さい。今日はこの辺で失礼します。

七月の法話

# 「救いについて」

七月五日

仏法の教えを聞いているけれども、聞いた仏法が一向に新しい生活を開くことにならない。現代において、人間として本当に生きるとはどういう事なのかということを深く考えねばならない時にきていると思います。

仏法を聴聞するまでは傍観しておったことが聴聞によって外の問題がそのまま自分の問題になって参ります。仏法を聞くことによって自分に目覚め、そして社会の問題に目覚めるようになるのであります。原始力発電所の問題、リクルート問題、公害問題、米の問題即ち人間の問題であり、私の問題なのです。終わりのない現実の問題に対して使命的にかかわっていくという生き方が念仏者の生活なのです。本当に現実の只中で目覚めたら、現実の諸々の問題にどこまでも積極的に関わり続けていく、それが、生きるということであります。

往生の道を歩むというのは、日常生活の中で時代社会の問題をどこまでもどこまでも我が問題として関わり続け、歩み続けていくということであります。真実のお話を聞くと問題が無くなるどころかかえって問題が出て来るのであります。

問題を持ちながらそのままのお助けです。無限の問題（課題）が持てるということがお助けにあずかった所詮であります。

永遠に片付かない問題を自分の課題として担い（背負い）歩み通し、生き通していく生涯を親鸞聖人は正定聚の位につく、と言われました。

それはわが生涯が一方において無限に浄土に向い、一方においては無限に娑婆《しゃば》の現実に向かってあるということです。

どこまでも終わりの無い問題を無限に歩み続けて我が生涯を尽くすということが救いなのです。挫折もせず、失望もせず、落胆もせず、有頂天にもならず、得意にもならず、期待も持たずどこまでもどこまでも本当なら耐えられることもない問題を（南無阿弥陀仏）とひきうけて生きる。そういう生き方こそ本物の真宗門徒（仏教徒）の歩みではないでしょうか。今日はこの辺で失礼します。

「はみがき」

八月の法話

# 「お盆について」

八月九日

八月はお盆の月であります。お盆について今日はお話いたします。

盂蘭盆経というお経によると、お釈迦様の十人の弟子の一人、目蓮尊者は修行の結果、神通力という力を得られた。神通力とは、肉眼でみることのできない世界を見通すことのできる力であります。目蓮尊者は、その力を得てすぐに今は亡き父母の行方を探しました。すると、目蓮のお母さんは餓鬼道に落ちて苦しんでいました。目蓮は早速、食べ物をもって母のもとへ行き母親の飢えを救おうとしましたが食べ物はすべて火となって母親の口の中にいれることは出来ませんでした。泣く泣くお釈迦様のもとへ帰り、母親の救われる道を問うたところ、お釈迦様は七月十五日弟子が全部集まる日に、百味の飲食を僧侶に供養して仏事を行うよう教えられました。日連は教えの通り、供養すると母親は餓鬼道の苦しみから救われることができたという話であります。

この目蓮尊者のお話は何を物語っているのかを私なりに考えてみたいと思います。

餓鬼道とはどういう世界でしょうか、絵に描かれている、餓鬼の姿をみると腹だけが極端に大きく、口は針の穴ほどに細く小さく、やせおとろえています。これを針口餓鬼といいます。

これは欲望の腹は大きいが充される口が小さくて苦しむことをあらわしているのです。便利と浪費とに慣れて喜びや満足を忘れますと目の前に何があっても不満の火になってしまいます。

餓鬼がやせおとろえているのは、物が心が貧しい姿をあらわしているのです。ゆたかでも、経済成長は、人間を餓鬼にしてしまったようであります。

又、人間はすべて他人を犠牲にしなければ一日も生きられません。儲けて喜ぶ人のかげには、失って嘆いている人がいます。

成功を誇っている人の足元には、蹴り落とされた人が泣いています。他人の涙を踏台にしなければ、餓鬼を演じなければ人間は生きられないようにできているのであります。これを宿業と申します。

親に罪をつくられずに育った子は、この世に一人もいないのです。親を地獄や餓鬼道に突き落とすことによってみんな一人前にしてもらったのであります。

お盆という仏事を通して私たちは、今日まで仏様の教えと反対の方向を歩んできたことに目をさまし心の方向転換をさせていただくのであります。本当の人間の心を回復させていただく仏事であります。お盆には教えを聞くことによって見えない世界を見ることができるようになるのです。神通力を得ることができます。神直力は内を見る目です。ゆっくりと、我が身の生きざまをふりかえさせていただきたいと思います。

九月の法話

# 「老後の生き方を考える」

九月一日

老人になると大事なものが三つ失われます。

一つはまず体力が失われます。このことをはっきり受け取っていないとひがみっぽくなり愚痴っぽくなります。

二番目に役割が失われます。家庭の中心であったり、世間で色々の役職、地位をもっていたのが一つ一つ若い人の方へ移ってしまいます。

三番目にまことに淋しいことですが配偶者のどちらかが先になくなってしまうことです。

老後の心構えとして、動ける間は何かのお役に立つよう年をとり仕事に心がけるのは大事なことであります。しかし、どんな人も必ずいつかは動けなくなってしまいます。昔の念仏者は「老いを習い病を習い死を習う」ということを大切にしました。現代は目先の生活が便利で物が豊かでありますから、なんでも思い通りゆくものと思って、人は皆「苦を習い、老いを習い、死を習う」心の準備を忘れてしまっています。

このことで私は、三年ほど前に九十歳になったあるおばあさんのことを思いだします。このおばあさんは、十年近くも寝たきりでしたが、お念仏申すことに一日一日のいのちを喜んでおりました。亡くなる日、家族をよんで寝床の上に起こしてもらい数珠を持たせてくれと言いました。家族はこれを臨終かも知れぬ、仏様を拝みたいのだろうと思ってお内仏の方へ向けようとしたら、おばあさんは首をふる。お寺の方角へ向けようとすれるとちがうと言う。そして、「拝みたいのは、仏様ではない。お寺でもない。お寺は若い頃から足がすり切れるほど参らせていただいた。お内仏は動けぬようになってからも、床の上から毎日おがませていただいた。今、私が拝みたいのは嫁と孫嫁だ。こんな厄介者を長い間お前たちなればこそ、よく面倒をみてくれた。私は毎日心の中でお前たちを仏様、菩薩様だと、拝んでおった。私が今拝むのは、お前たちよりほかにない。」といって嫁達の方を向いて合掌し、お念仏をしながら、息を引きとったということでした。

九十年も身動きできない、自分の老後を素直にうけとり周囲の人々に手を合わせ、ありがとうの一言で九十年の長い人生をしめくくることのできるようなその心こそ足がすり切れるほどお参りしたお寺からもらった仏様のこころであり、かかさずに拝ませてもらったお内仏からいただいた仏の心ではないでしょうか。

仏法聴聞によって、お念仏する身にならなければこういう心をいただくことは出来ません。

お念仏は生きる姿に触れた時、周囲の人々も一番美しい、一番大事な、一番尊いものを感じとってくれることと思います。今日はこの辺で終わります。

十月の法話

# 「あたりまえの素晴らしさ」

十月一日

今日は「あたりまえの素晴らしさ」というお話をいたします。

始めに「あたりまえ」という詩を読みます。

「こんなすばらしいことをみんな、なぜ喜ばないのでしょう。

あたりまえであるということを、
お父さんがいる、お母さんがいる、手が二本あって、足が二本ある。行きたいところへ自分で行ける。音が聞こえて声が出る。

こんな幸せあるでしょうか。

しかし、誰もこれを喜ばない、あたりまえだと、笑っている。

御飯が食べられる、夜になると眠れる、そして朝がくる。空気が胸いっぱい吸える、笑える、泣ける、叫ぶことが出来る、走りまわれる、みんなあたりまえのこと。

こんな素晴らしいことをみんなは喜ばない。

そのありがたさを知っているのは、それをなくした人たちだけ、なぜでしょう、あたりまえ」

この詩の作者は井村和清という富山県礪波市の三十歳の内科のお医者さんです。この先生はある時、右足の膝におできができたのだそうです。少し痛いなあと思って、自分は内科の医者ですから、内科としての処置をしておかれたそうです。ところがだんだんと痛みがひどくなり、どうもこれはおかしいなと思われて、自分の知っている友達の外科のお医者さんへ行ったところ

「先生これは、放っておけば大変なことになる、すぐ手術を」といわれて、右の足のつけ根のところからきっておとしたのだそうです。今までどこへも行けたその先生がいきなり、右足のつけ根からスポッと足を切っておとされたのです。勿論便所へも行けません、何処へ行こうと思っても何処へも行けなくなったのです。その寝ておられる床の中で作った詩がこの「あたりまえ」という詩です。この先生はこの詩を書いて間もなくこの世を去りました。いのちかけて、のこされた「あたりまえ」という詩です。

「あたりまえのことがあたりまえでない。もったいないと拝めた人は、すでに仏さまのお光がとどき始めているのです。」

あたりまえのことがもったいないと感ずるところにはじめて仏様の光明が光が私たちの心に差し込んでくださるのです。

あたりまえの素晴らしさを本当にもったいないと大切にいただいて、歩んで参りたいと思います。今日はこの辺で、失礼します。

第十四回

# 「人間とは」

十一月十日

仏様の教えをいただいてみますと、人間というのは、あらゆる人間を人間として見てゆくことのできる人が人間であると教えてくださいます。どのような境遇の人でありましょうとも、完全な人間として見ていく、人間として出会ってゆくことのできる人を人間とこう名づけるのであります。

お釈迦様は「一切家生悉有仏性」切の生うとし生けるものは、悉く仏性ありと、おっしゃいまして、生きとし生けるものを仏様と見てゆくことのできる人を仏様であるとこう教えておられます。ですから、他人を完全な人間として見てゆける人が人間であり、そのことによって自分自身が人間であることを証明してゆくのであります。

ところがこんにちは人間が人間として見られない時代であります。

人間の外に付いているもの、即ち能力とか、学歴とか、財力とか、地位とか、家柄とか、惑いは健康であるとかそういうものによって、人間の値打ちが決められてゆくのであります。すべてを外側でしかしみることができない、すべてを外側で評価する、そういうのを仏教では外道といゝます。

人間の幸福と言うといつまでも自分にとって都合のよいものが私の外側についていること、自分にとって都合の悪いものが私の外側についていないということによってきめるわけです。

そしてそういう見方が、そういう価値観が、神仏にお祈りする心の内容なのです。自分の外側についておるもののよしあしによって、優越感に流されたり、劣等感におちいったりして生きるような、生き方を仏教では外道といゝます。

幸福というものの基準を人間の外側についておるもののよしあしによって決めつけることによって、私そのものが人間の魂を失ってゆくのであります。人間の尊い生命を失ってゆくのであります。

人間とは何ぞや、人間として生まれた意味と人間として生きる方向をたずねるよう、そういう問題意識をもって生きるのが人間であるということであります。今日はこの辺で。

「はみがき」

一月の法話

十二月一日

# 「鬼神信仰とは」

今日は鬼神信仰について話をします。

人間にとってお金が一番大事だという。そういう信仰を親鸞聖人は鬼神信仰といゝました。

鬼神とは福は内鬼は外の鬼という神様の神という字を書きます。日のよしあしにしばられ家内安全、商売繁盛、合格祈願等、皆経済繁栄への祈りであり、それは祈願祈禱であります。鬼神信仰祈願祈禱は食うことが一番大事だ、お金がやっぱり一番だという信仰であります。

鬼神というのは赤鬼青鬼の鬼と神様の神という字を書きます。中国から来た言葉でありまして鬼も神も死人という意味であります。

死人には霊魂があり、それが生きている人間の生活を支配するというのです。

鬼神を恐れ敬うことによって災いを除きいわゆる安全を願う除災招福を求める。家内安全商売繁昌を願う信仰を親鸞聖人は鬼神信仰とおっしゃったのです。

更に親鸞聖人のお言葉をいただきますと、餓鬼道という言葉を解釈されまして、常にうえたるを餓といい、食うことが大事だといって、いつもガツガツして我欲をつのり、もっともっと欲しいと欲望にひきづられて、生きる、そういう生まれ方を餓鬼の餓といいます。餓鬼の鬼について、鬼という字について「鬼の言は戸に帰す」と云っております。

即ち、鬼というのは人間の運命を支配するような鬼神というものがいると言ったり思ったり思い込んだりしておりますと人間は生ける屍になってしまうということであります。そして、かけがえのない人間の尊い生命を見失ってしまうことになるのだと教えております。

現代は宗教氾濫の時代であります。

おそろしい鬼神信仰がはびこっている時代であります。

鬼神信仰は人間をどのようにしてしまうかといいますと、諂誑《てんおう》の心、即ち、よこしまなまちがった宗教心に転落させてしまうのです。てんおうの心とは、強いものにこびへつらい、権力、財力にこびる。家柄や血脈を盲信して、こびへつらう。そして、弱いものをだまして、馬鹿にするというような差別をし、あらゆる人間を人間として、敬う心を見失ってしまうことであります。

人間は関係的な存在であります。人と人との自由平等な交わりの中から、かけがえのない生命が輝いてくるのであります。今日はこの辺で失礼します。

第十六回

# 「四人の御婦人のはなし」

一月三日

今月は雑阿含経というお経の話をします。

ある時、お釈迦様は、集まった多くの人達に次のような話をされました。「ある金持ちが四人の妻をもっていた。その中でも第一婦人を一番大切に可愛がっていた。その次は第二婦人、第三婦人の順で可愛がった。第四婦人はあまり可愛がらなかったが、いよいよ死ぬ時になって第一婦人に「おまえは私について来るだろうな」

言ったところ、「いいえ、生きている間だけで、死んだ後まではついて行けません。」と答えた。あんなに可愛がってやったのにとつれなく思い、第二婦人に「おまえはどうか」と云ったら「お葬式までで、あとはごめんこうむります」と言った。では第三婦人はどうかと問うと「私はお墓まではついて行きます」とのこと。そこでそれ程大切にもしなかった第四婦人に問うと、「私は、あなたがなくなられても一緒にどこまでもついて参ります。」と答えた。

ここまで話をすると聞いていた人達は第一婦人は冷たいものだ、第二、第三婦人はつれないものだ、第四婦人の心こそ真実であるとつくづく思いました。

するとお釈迦様はその後に次のように語られました。

「みんなよく聞きなさい。第一婦人は、この身体であって死ねばすぐはなれてしまう。第二婦人は名誉地位、財産であって、葬式まではついてくる。第三婦人は親類親子であって墓場まではついてくる。第四婦人はこの世界即ち私たちが死んでもこの世でやったよいことと、悪いことは何処までもついてくるのだ。これが第四婦人だ」と。

私たちは生きている間、一番大切にするのはこの体ですが、死ねばついて来ません。次に生きている間は幸福だと思っていた富も地位も葬式まではついてきません。親子親類はお墓まではついて来ますがそれでお別れです。ところが生きて居る間は、それ程に思わなかった行いこそは、永遠に私たちについてくるのです。

この人生をどう歩んでいくかが人間にとって一番大切なことなのです。

私たちの毎日の生きざまが如来から問われているのです。真実なる如来の教えに耳をかたむけ、我身を問い続ける聞法の歩みこそ私たちにとって最も大切な使命であり、如来より賜った仕事なのです。

今日はこの辺で失礼します。

# 第十七回　「少欲知足の生活とは」

二月八日

私達は今毎日贅沢な生活をしておりますが少しも満足することがありません、今日は、「少欲知足」の生活についてお話をします。

「少欲知足の生活とは、みずからの分に安じて質素に誠実に生きることであり、身の廻りのものに限りない感謝をささげて生きることであります。

少欲は、少しの欲と書きます。知足は知るという字と満足の足、あしという字を書きます。

以下二つの詩をよんでみます。そして、少欲知足の生活とは、どういう生活なのかを考えてみることにしましょう。

はじめに、木村無相さんの「自炊」という詩です。

自炊というのは、自分で御飯をたいて生活する、自炊の事です。

「たなの上で、ネギが大根が人参が自分の出をまつようにならんでいる、こんなおろかな私のために」

すばらしい詩ですね。ネギが大根が人参が、自分たちのいのちを捧げようとしているのです。こんなおろかな私のためにです。罪悪深重煩悩熾重まで、自分のことしか考えないエゴの塊の私のために、これらの野菜達は、自分を捧げようとしているのです。

この詩を読んで、食べ物を単なる栄養補給源としか考えなくなったところに、今日の荒廃と堕落があると私はしみじみ思うのです。

　カロリーがどうの、タンパク質がどうのと、そういうことばかりに目が向いて食べ物の生命に合掌することを忘れた現代人の傲慢さをはずかしく思うのです。

　次に「ごくろうさん」という五歳の坊やの詩です。

「お母さん、ぼく夜ねる時ぼくの目に「今日も一杯いろいろなものを見てごくろうさん、どうもありがとう」って、言うんだよ」

　かわいい詩ですね。自分の目に「ごくろうさん」といって感謝しています。

　私たちは気にもとめていませんが目が働いてくださっていることはすばらしいことなのですね。少欲知足の生活とはこういうことだと思います。

　親鸞聖人は信心の徳として「知恩報徳」の利益をあげております。

　私たちは何事なく毎日を過していますが、念仏を申す内に私を支えている無慮無数のものに気づかせてもらうのです。少欲知足の生活をわすれ生命の尊さを忘れて生活をしている私たちの今日の日ぐらしを深く考えさせられる今日この頃であります。

　この辺で失礼します。

第十八回

## 「仏さまの働き」

三月五日

私たちが生きている時代を現代といいます。

現代は仏さまを忘れた時代だと私は思います。仏さまを足げにして、人間のはからいを生活の中心においているところにどうすることもできない、いきづまりや危機的状況が生まれてくるのだと思います。

仏様を忘れて、人間が偉くなりすぎたのです。仏様は、本堂やお内仏に安置されてあるものでは、ありません。御内仏の仏様は、方便法身の尊影と申します。形をとおさないと我々目にわからないから、あのように形なき如来（仏様）の働きを形であらわしているのです。

仏様は色も形もましまさず、しかも十方微塵世界にみちみちてましますといわれます。

仏様の働きは、光明と名号の働きです。見えないものを照らし、忘れているものをよびさます。それが仏さまの働きです。

人間が生きるには、人間の目も必要です。知恵も必要です。しかし、人間らしく生きるには、それだけでは絶対不足です。その他にもひとつ向こうからこちらを照らし、自分の事だったと気づかせる仏様の知恵の光が、目が、絶対必要です。何故仏様の教えを聞くことが、大切かというと、仏さまに出会って始めて、人のことばかり思っていたことが、人のことでなかったなと気づかされる。そして「自分が、俺が」と頑張っていた世界がくだかれて、その自分を生かしめている背後の無慮無数のはたらきに気づかされているのです。

「人のいうことを、なるほどそうかとうなづけたら、そこには小さな花が咲くようだ」という詩があります。皆さんの生きている場に小さな花が咲いていますか。

「なるほどそうか」とうなづかしめたものが仏様の働きです。仏さまに出会うと、即ち、真実の教えにふれると、頭の上げようのない世界が見つかってくるのです。曽我量深先生はおっしゃいます。

「なるほどそうか」といえる世界が見つかった人は、広い道を堂々と歩いていける。なるほどそうかという世界を知らない人はなるほどそうかとうなづけたときには、煩悩具足のまゝ仏の世界を歩いていけるのです。

今日はこの辺で。

「かわいいうしさん」

第十九回

# 「行き先がはっきりしていること」

四月十日

水平寺のすぐれた管長であった北野元峰師は福井県大郡の出身です。十二、三歳の時母はこの少年を水平寺に入堂させました。一人でも減ったら貧しい家計が楽になると考えてのことでした。母は、村はずれまで少年を見送りました。

母に甲斐性がないために、お前を口べらしのためにお寺に送りこまねばならぬと思えば胸がつまって物がいえません。

「お母さん、行ってきます。」なにか、励ましのことばを言わねばと思っても、それさえでないのです。だまっている母に「お母さん、必ず立派な坊さんになってかえってきます」と言った時、はじめて母は口を開きました。

「立派な坊さんになったら、別に帰らなくてもよい。また周囲の人が帰してはくれないでしょう。しかしお前が大きな失敗をしたり、病気をしたり、そこに居れぬようなことになったらいつでも帰っておいで、私は待っているからね」

北野元峰師は終生このことばを忘れることはできなかったし、これが生きる支えになったとおっしゃっています。

子供は母親の待ってくれるわが家があるから外で精一杯遊んでくるのです。そして又、しっかり勉強ができるのです。この人生を精一杯生きている人は魂の帰る故郷があるのです。帰ることのできる如来の家があるからこそ、この人生喜んで苦労できるのではないでしょうか。

私たちはこの世に人間として業を果たすために生まれてきてその業を果して魂の古里に帰っていくのです。それがお浄土なのです。

親鸞聖人は人間が本当に人間であるといえるのは三つの場合に限ってあると言っておられます。

一つは行く先がはっきりしていること、二つ目ははずかしいという心をもっていること、そして三つ目は、たたりとか、罰をあてるとかいうものの、ご機嫌とりになったり、ぴくぴくしないことと言っています。

今日は一番目の行く先がはっきりしていること即ち浄土がはっきりしていること、ということについてお話をさせていただきました。

「サンタクロース」

第二十六回

# 「生死一如について」

平成三年三月一日

今日は生死一如ということについてお話をします。私が生きつづけているということは、他の生命を移し続けていることであります。

生と死の関係を仏教では生死一如と申します。

死ということを本当に考えるということが即ち本当に生きるということを考えることであります。自分が死ぬということを本当にこの身に自覚することが自分の生というものを本当に大事に生きようとする心につながるわけであります。

自分が死ぬということを自覚していく時本当に自分の生というものを大事に生きようとするのであります。私たちは自分が死ぬということをどこかで油断しています。何処かであいまいにしているのです。自分が死ぬということを本当にあいまいにしております時には、生きるということもあいまいになっている時であります。　自分が死ぬのだということをしっかり自覚したときに、（生きるということが）かけがえのないものとして大事になってくるのであります。

「何もが我一人のためなりき　今日一日の生命尊し」

皆様と共に聞法の歩みを、すすめさせていただきたいと思います。ではこの辺で失礼します。

第二十八回

# 「天ぷらソバの話」

四月十一日

桜の花も間もなく咲き始めそうな生命もゆる季節となりました皆さんお元気でお過ごしと思います。

今日は私たちの生命について考えてみたいと思います。私たちの生命はオギャーという誕生から始まっているのではありません。三十五億年の生命の歴史があるのです。

そして私は生まれようとしてこの世に生まれてきたのです。だから私の生命に対して全責任を持たねばならないのです。

私のこの身は、因縁和合の身であります。

私の生命は三十五億年の歴史を担っているのです。

そしてこの身がここに存在しているという事実の中には全世界、全宇宙が参加しているということです。例えば私が食べる一杯の天ぷらソバがどうしてできているか。ソバ粉はカナダから、エビはインドネシアから、エビをまぶす小麦粉は、アメリカからそれぞれきています。インドネシアで取れたエビをアメリカの小麦粉でまぶしてそれを揚げる油はアフリカのごま油から取れる、そしてさらにそのソバにかけるノリは韓国で取れる。

私たちが一杯の天ぷらソバをいただく時、一杯のソバの中にアメリカ、カナダ、インドネシヤ、アフリカ、韓国の人達のいわば労働力が全部結晶している。それをいただくのです。

その時、自分の生命と全世界の労働者、それが一つに結ばれる。

一杯の天ぷらソバを食べようということの中で私と世界とが一つにかゝわっているわけです。そのようなことは無数にあるわけで、それを広げてゆくと、私の身がここに生きているということの中に全宇宙がかかわっているということになるのです。

私の生命は私のこの身として歴史と世界とがそこに成就している。完成しているということが教えられるのです。

私の生命の尊さについて深く考えて歩まねばと思うことであります。今日はこの辺で失礼します。

「魚つり」

第二十九回

# 「生きがいについて」

五月十四日

いくら仏法を聞いても生きがいを感じることがないとおっしゃる人がよくいます。たしかな生きがいというものは私たちの外側に求めさがしてもないと思います。外側よりも私たち自身の今の仕事や身近な中にあるのです。

それを見い出していく、その見い出しの知恵が仏法なのです。つまり、私たちの仕事や身近なことはもう見なれて何も感じられなくなっているのです。それは私自身が感じられなくなっているだけで、仕事や身近なことが駄目になったのではないのです。

このことは、私たち自身の感受性が濁っているということですからその濁っているということにしっかり気づくということが見直していける知恵なのです。その見直しの知恵をうることが聞法なのです。教えを聞いて自分の感受性のにごりに気づかせていただく、そのにごりに気づけると、現在の生活の中に沢山のすばらしいこと、尊いことが生き生きとしてあることに気づくのです。聞法によって、今の生活の中からすばらしいもの、美しいものを発見していくことが生きがいなのです。

## 第三十回　　　　六月一日

# 「山に木材を見て木を見ない」

高史明という作家が「現代人は山に木材を見て木を見ない」ということをおっしゃっています。「木材を見る」ということはこの山でなんぼ取れる。なんぼ儲る。つまり、現代人は利益の対象としてしか山を見なくなっているということです。

一本一本の木の生命に少しも感動したり、共感することがない。ただ山を利用するという目でしか、山を見ない、ということです。

私たちがあらゆる面でやっていることであります。海に於ても山に於てもあらゆる面で私たちはそういうことをしています。

人類が理性を立場にして、自分自らを問い返すことがなくなった時、つまり、後世の一大事という命をまるまる問い返す眼《まなこ》を失った時人間は限りなく、傲慢な存在になり、まわりを無視して、ただ欲望を追い求める存在になってしまうのです。

今一度、私共一人一人が、そして人類全体が自分自らのあり方を恐れる、そういう心を呼びさまさなければならない時にきていると思います。今日はこの辺で失礼します。

第三十一回

# 「人間のまなざしを回復したい」

七月十日

私達の現在の生活は文化は発達したと言いますが、それは、生活の道具が発達したのであって、生活そのものはいっこうに発達していないという感じがしてなりません。炊事や洗濯など日常生活は、便利になりました。しかし、人を愛するということ、人生を愛するということになりますと全く心寒いことであります。

人を愛するということの一番もとは、その人にまなざしを向けるということです。まなざしを向けることが愛するということの一番基礎であります。

逆にいゝますとまなざしをそらす、つまり無視されることが一番辛いのです。まわりの人からもだれからもまなざしを向けてもらえない、そういうまなざしを向けてもらえない辛さを考えますと、愛するということの一番のもとは、まなざしを向けることだと思います。

ところで、私達の心のふるさと、故郷について考えてみましょう。故郷の郷という字は一つの器に盛ったごちそうを真中にして二人が向き合っていることを表す象形文字であります。つまり、お互いの顔を見つめ会いながら一つの器の御馳走を食べ合う。これが人間のあり方の一番の基礎であります。ですから、故郷へ帰ってホットするのは、おふくろの味がしみた料理を前にして皆が顔を合わせる時であります。このようなことを考えますと人間の人間性喪失の時代といわれるまなざしを回復せねばならぬ時にきていると思うのであります。

第三十二回　　八月一日

# 「彼岸について」

今月はお彼岸の月です。

お彼岸についてお話したいと思います。作家の五木寛之氏は、「どんな峠を上がってもやがて下らなければならない時がくるように、どんな人生にも下り坂がある。この下り坂を歩むと言うことは、上がるとき以上のエネルギーを必要とする。仏教はこの人生の下り坂をいかに下るかを教えてくれる宗教ではないか」と言っています。

お彼岸は、日中の長かった日から夜の長い日へと移る。いわば気候の峠です。この日を峠として、草も木も、枯れて散って行く、秋へと向かうのです。お彼岸には、あちこちのお寺で彼岸法要や追弔法要が行われますが、亡くなった人を弔《とむら》うというのは、亡くなったひとを訪《とむら》うことなのです。訪うという字は家庭を訪問する時の訪問の訪という字です。

この世をこえて彼岸の世界に帰っていかれた先人を訪ね、その心を訪ねることなのです。この場合の心を尋ねるの尋ねるという字は、尋ね人の尋ねるという字です。

お彼岸には、亡き人の心をたずねさせていただき、私は、これからこの無常の人生をどう歩んでいったらいゝのか、深く考えさせていただく御縁とさせていただくのであります。今日はこの辺で、失礼します。

宮城顗著「生まれながらの願い」より

# 「割りばし二〇〇億膳」

平成四年一月十日

世界最大の民間自然団体「ＷＷＦ」は「日本の木材輸入は資源食いつぶし型」と強い調子で批判しています。「丸太製材など日本、熱帯木材輸入量は世界全体の約三ロット（Ｓ62年度）を占め、これは世界一の数字。なかでも日本は割りばしの大量使用で、熱帯雨林を破壊している」との非難には、日本人の一人一人が反省すべきです。はし研究家本田総一郎氏は「ここ十年間で約二倍のはし消費量となり、一九八八年に二〇〇億膳に達した。その半分の一〇〇億膳は輸入で、中国五六億膳、インドネシア二五億膳、韓国八億膳、フィリピン六億膳とつづき、国産の割りばしも半分以上がソ連などからの輸入材でつくられている。今マレーシヤからの輸入（丸太）が一位ですが、それもあと一〇年もつかどうか。かつて輸出国だったフィリピン、インドネシアじゃ資源保護を理由に、相ついで丸太輸出を禁止しています。なにしろ世界の熱帯林が、毎年本州の面積の半分（四百万ヘクタール）も減少している。私たちも日頃平気で割りばしを使いすてしていたり、コピー用紙を職場で必要以上に使ったりしていないか反省してみましょう」この文をよみ洪水のように濫費浪費を平気でしている日本の現状に心がいたみます。割りばしを使わずうるしぬりのはしを使うこともいいでしょう。

最近韓国では割りばしをつかわないようにしているそうです。中国でも竹はしを使ってきているそうです。私たちも人類の幸せのためわりはしの使用を考え直さねばと思います。

二月テレホン法話

# 「現世代が次の世代の環境を食いつぶしている」

二月十日

朝日新聞の石弘之氏は次のようなことを言っている。

これだけ地球環境の危機を招いたのは、過去三十年ほどのことだ。人類の歴史からみても一瞬間にすぎない短い間に人類の存続さえ心配しなければならないほどに自分たちの生存環境を悪化させてしまった。まず緊急の課題は、これ以上どう環境をあっかさせないかである。その中でも急をつげているのは、「南」の国々の自然破壊から子供たちを守っていくことにある。このためには「北」の資源エネルギーの浪費をどう「みなみ」に振り向けるかである。そして次の世代のために少しでも改善してバトンタッチすることこそ現世代の最低の義務である。ノルウェーのブルンラント首相が、一九八八年のトロントの会議で演説した一説が今も忘れられない。

「私たちは空気や水や他の自然という人類の生存に欠かせない環境を相手に、あまりにも無謀なギャンブルをやりすぎた。その賭け金を払うのは私達の子孫ではないか。」心にずしりと重くのしかゝることばである。

福武書店「子どもにどんな地球を残しますか」より

# 「黒柳徹子さんとユニセフと——関心をもつことの大切さ」

三月十日

ユニセフ親善大使の黒柳徹子さんのことばがいつもわすれられません。

「日本が湾岸戦争の時に多国籍軍に出したお金で世界中の子供達の半分が救えたのです。」ということばです。今、一四〇〇万人の世界の子供達が一年間で飢えで死んでいます。発展途上国の子供達は明日の希望も持てず、今日食べるものがあるか、今日家族がはなればなれにならないかという状態です。そのためにも平和になってほしい。戦争は本当におそろしい。戦争で子供が一番犠牲になります。アンゴラでは、ゲリラに両親が殺され、手足をもぎとられた子供たちが沢山いました。ずっと震えがとまらない男の子もいました。その子は、お母さんがつけてくれた木の実の首飾りが唯一の思い出なんです。日本が湾岸戦争の時に多国籍軍に出したお金で世界中の子供たちの半分が救えたのです。私はいろんな人から何をしたらよいかとよく聞かれます。それには、『こういう問題に関心をもつことだ』と私は答えています。」

私達は次の世代への責任を背負っているのです。私達は自分のみならず世界中の人々と共に歩む地球人なのです。生きるということは、競いあうことではなく、分けあい支えあうことなのです。世界の人々と、共に生きるということに関心をもつことの大切さを黒柳さんに教えていただきました。

## 「世界の子供たち五億人飢餓にあえぐ——森林破壊が原因」

四月一日

国連食糧農業機関「FAO」は、子供たちを中心に世界中で約五億人が毎日の食事や寝場所に事欠いており、毎年一四〇〇万人の子供たちが飢餓や飢えからくる病気で死亡していると発表した。飢餓の最大原因は森林破壊による水害多発や土壌の悪化が大きいと指摘、中東のチュニジア一国分の面積に匹敵する一七〇〇万ヘクタールの森林が毎年失われており、十年後には世界全体の十%が消え、飢餓がまん延する恐れがある」と警告し、森林育成を各国に求めた。森林は巨大なダムとして水害を防ぎ、風雨による土壌の侵食を抑える働きをしている。農業に適した土壌になるには三千年～一万二千年もの年月がかかっている。森林が失われるとたった一年間の暴風雨で一ヘクタールの農地から一五〇トンもの農耕土がうばい去られる。最も被害の大きいのはインド大陸で、ヒマラヤの森林破壊がもたらす洪水によってインドでは毎年総面積の三〇%が水につかり、バングラディシュでは、二四億トン（九千万ヘクタール）もの農耕土が川に流れてしまい、食糧不足を招いている。

# 「ありがとう」「ごめんなさい」「どうぞ」

五月十日

難民問題で国際的に活躍している犬養道子さんは次のようなことばを言っておられます。

国際的にどこへ行っても通用する三つのことばを幼児期に身につけさせることが大事です。この三つのことばを知らないと我が家の中でもやってゆけません。この三つのことばを知っていると、世界のどんな辺境の地へ行っても最初のドアが開かれます。」その三つのことばとは、「ありがとう」「ごめんなさい」「please」だと犬養さんは指摘しています。

考えてみますと、この三つのことばを失っている世界は三悪道の世界、即ち地獄、餓鬼、畜生の世界なのです。「ごめんなさい」ということばがないということは、互いに自己主張しかなく、互いに他人の存在を無視して、排除しあうことばかりしている世界です。結局それは弱肉強食というあり方になってしまうのですが、弱者（弱い者）はもちろん強者（つよいもの）も又最後は孤独におちいるほかない地獄の世界であります。「我今帰るところなし、孤独にして共に歩むものなし」「ごめんなさい」ということばを失って生きてきた者の行きつく世界であります。

それに対して「ありがとう」ということばのない世界は餓鬼の世界であります。今現在この身にうけている恩徳を知って「ありがとう」といただく心がない時、人の心は丁度底のない袋のようなものとなってどれだけのものをそこに入れても心満たされることがありません。不満ばかりつのらせいよいよ心虚しくなってゆくのです。第三のことば「プリーズ」ということばは、「もしあなたがそれをお望みなら」という意味のことばです。まわりの人のことを思いやり、自分にできるかぎりのことをしてあげたいと願う心です。「プリーズ」のない世界は、皆が自分のことしか考えない自己中心の世界です。快楽のみ求め自分で努力し問題をにない責任をもつということをしない世界です。即ち、畜生の世界です。他の人にもたれかかって要求ばかりしている甘えん坊のことを畜生といゝます。丁度甘やかし放題に育てられた子供のように、自分の欲望をおさえることを知らず与えられたものは貪り、与えられなければわめきちらすのです。

現代社会に生きている私たちの生きざまは、正に地獄餓鬼畜生の日ぐらしではないでしょうか。物の豊かさの中でいよいよ心貧しく自己中心の生活をおくっている私たちの生きざまが、今、仏さまから問われているのではないでしょうか。今日はこの辺で失礼致します。

（同朋新聞より）

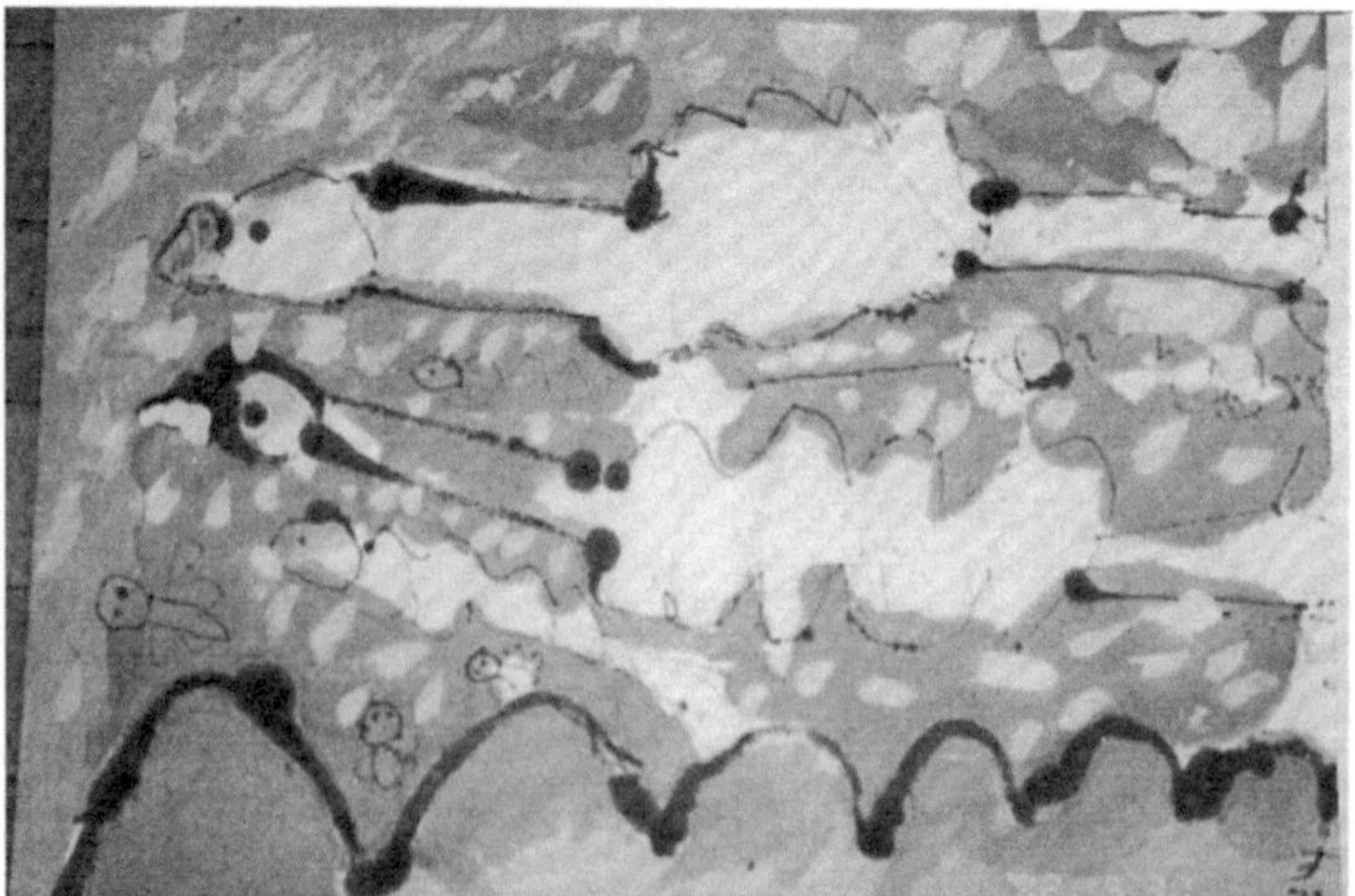

「百羽のつる」

宮澤賢治生誕120周年記念講演　資料

# 「兵父無用…次の世代に平和を」　林　正文（妙圓寺住職）

「兵父無用」の言葉の意味

真宗の皆さまが日ごろ読誦しておられる浄土三部経の中の、『仏説無量寿経』に出てまいります「兵文無用」という言葉も、何もないところから出てきたわけではありません。そもそも紀元前5世紀ごろ、ゴータマ・シッダールタという王族 生まれの人が出家をして、悟りを得て仏陀となり、八正道や生命への限りない慈悲を説いたのはなぜだろうかと考えてみますと、まさに戦乱の時代であったことが見えてまいります。

紀元前6世紀ごろの古代インドでは、16もの王国が断裂して戦乱が絶えず、王国が生まれては消え、栄えては滅びを繰り返していました。世界史で習いましたけれども、紀元前4世紀にマガダ国のナンダ朝を滅ぼしてマウリヤ朝を打ち立てたチャンドラグプタという王がおります。（後のグプタ朝のチャンドラグプタとは別人です）

ともあれ、この人は西方アジアからギリシア人の軍事的権力を一掃したり、シリア王国のセレウコス一世の軍と戦ったりして北インドを統一した人で、その後も南方へと軍を進めて、インドのほぼ全域を支配下に治めました。もちろんこれらは全て武力による戦争で成し遂げられました。

マウリヤ朝というのは、紀元前3世紀、3代目のアショーカ王のときに全盛期を迎えますが、このアショーカ王もインド半島の東南部に残っていたカリンガ国と、ものすごい戦争を繰り広げました。犠牲者の数は10万人とも言われています。その悲惨な殺し合いを悔いて、アショーカ王は仏教への帰依を深めたと教科書では習いましたけれども、その時代のインドでは、仏教の信仰と 戦争はコインの裏表のように貼り合わされていたということだと思います。

そのアショーカ王の死後、マウリヤ朝は崩壊していき、西北部ではギリシャ系のバクトリア国が起こったり、その後、様々な民族の間で戦いがあり紀元前2世紀から紀元1世紀にかけてインド半島は、また不安定を極めたのでした。

そして西暦100年ごろ、イラン系のクシャーナ族が西北インドを征服して、クシャーナ朝を起こします。『仏説無量寿経』が最初に成立したのは、この頃だと言われております。

このように、仏陀が生きた時代からクシャーナ朝の勃興まで、インドの支配者たちは四方八方で戦争を繰り返し、民衆は戦乱の記憶とともに生きていたのです。そうだとするならば、『仏説無量寿経』の中で仏陀が弥勒菩薩に自らが教化した仏国土の素晴らしさを説く一説に、「兵文無用」の一言が登場するのもうなずけるというものです。

インドの人々がいかに戦争の悲惨さに絶望していたか理解できるのです。

# 明治維新から太平洋戦争までの日本の関わった数々の戦争

1868年（明治元）戊辰戦争
1874年（明治7）台湾征討
1877年（明治10）西南戦争
1882年（明治15）朝鮮併合戦争
1894年（明治27）日清戦争
1895年（明治28）台湾出兵
1904年（明治37）日露戦争
1909年（明治42）日清両軍衝突出兵
1910年（明治43）韓国出兵
1911年（明治44）中国出兵
1914年（大正3）第一次世界大戦
1916年（大正5）日中軍衝突出兵
1918年（大正7）シベリア出兵
1920年（大正9）ハバロフスク日ソ軍衝突
1931年（昭和6）満州事変（柳条溝事件）
1932年（昭和7）上海事変
1937年（昭和12）日中戦争（盧溝橋事件・南京虐殺事件）
1938年（昭和13）日ソ軍衝突
1939年（昭和14）ノモンハン事件
1941年（昭和16）太平洋戦争（真珠湾攻撃）

# 平　　和

平和、それは私の願い
平和、それは僕の願い
平和、それは私たち宮中生全員の願い
昔、悲しい戦争があった
昔、悲惨 な戦争があった
皆、誰のために命をささげたの
皆、誰のために命を奪われてしまったの
皆、誰のために夢や希望を
　　　　捨てなければならなかったの
私は、杉原千畝を知って いる
私は、コルベ神父を知っている
そして私は、アンネ・フランクを知っている
皆、平和な世界を望んでいた
皆、平和な世界を夢見ていた
今、アンネの遺志を全員で受けつごう
アンネのバラと共に、力強く生きよう
平和、それは世界人類が目指す
最高の宝

98 年度宮野目中学校生徒会

# III　平和への願い

# 次の世代へ平和を手渡す行動を

私の父は私が三歳のとき中国の重慶で戦死いたしました。母は住職代務者として二十数年、寺門の経営にあたり私と妹を育ててくれました。

終戦後、毎日のように戦場から届くご門徒の方々のご遺骨を駅のホームにお迎えし、プラットホームでお経をあげてお骨をおあずかりした悲しい思い出を、いつも母は泣きながら私に語ってくれました。

昭和六十一年、一月二十一日に、父の戦友だった古川さんという方が、宮城県の瀬峰から訪ねてまいりました。父の最後をみとってくれた人です。父は昭和十九年九月二十四日、二週間飲まず食わずの行軍のあと、栄養失調となり馬の手綱を引きながら馬と一緒に倒れ亡くなったということでした。

戦争はもう二度としてはならない、子どもたちにはぜったいこんな戦争をさせてはならねぇと、何回も繰り返しながら言って亡くなったということでした。

父のことなど忘れていました私はそのときはじめて本当に、父に出会ったなあと思いました。母は苦労の連続でしたが、父も戦場で大変な苦労をしていたのです。亡くなる直前には手当りしだい草を食べ、自分の履いていた靴まで食べていたということです。二度と子どもたちに戦争をさせてはならないと言って亡くなっていった父のいのちの叫びを受けついで、非戦平和への道を歩まねばと、私は心に誓いました。

昨年、父の五十回忌、母の十七回忌法要をつとめました。戦場で苦悩し、無念の思いで三十年の生涯を閉じた父の非戦平和を願う声がそのとき、私の耳に大きく響いてきました。

戦争の悲惨な事実をアウシュヴィッツに学ぶという願いのもとに一昨年、「心に刻むアウシュヴィッツ遺品展」を岩手県花巻市の文化会館で開催いたしました。市文化会館創立以来、最高のたくさんの人たちが見学にまいりました。第二次世界大戦中にポーランドのアウシュヴィッツ収容所で、三年間に四百万人の人々が虐殺されました。そのうち二百八万人は十四歳未満の子どもたちでした。戦争はいつもまず子ども、老人、女性、障害者の方々を犠牲にいたします。戦争は弱者を犠牲にするのです。

ポーランドには「歴史はすべての知恵の母である」という諺があります。戦争の事実を学ぶことは、真実の歴史を学ぶことでございます。ポーランドでは戦後ずっと小学校一年生から八年生まで毎年六ケ月間、第二次世界大戦についての授業を行っております。ポーランドの子どもは、皆、国の歴史や平和、いのちの問題を、いつでも誰にでもきちんと話すことができるということです。そして今、加害国と被害国の壁を超えて、ポーランドとドイツ両国は、共通の教科書を扱い、戦争の事実を子どもたちに学ばせています。経済的には立ち遅れた国ポーランドですが、教育に一番お金をかけています。平和といのちの問題を一番真剣に考えている国だと私は思います。

今私は、アウシュヴィッツのガス室のように、ゆるやかなジェノサイド、すなわち大量殺戮の方向へまとめられているように思います。原発がどんどん増え、大気汚染、食品汚染が進み、管理教育、管理機構が徹底してきています。今こそ人間が人間性を回復し、一人《いちにん》のいのちの重さと罪の深さに対する感性をとりもどさねばなりません。日本が過去の戦争責任を明確にした上で、平和と人権を国民共通の価値観として定着させ、二度と戦争をゆるさず、平和を希求す国民世論の高揚をはかることが極めて重要だと考えます。

「世界が全体幸福にならないうちは、個人の幸福はありえない」と言われた宮沢賢治の故郷花巻市は、賢治が、「イーハトヴ」、すなわち平和郷といって岩手県全体を平和郷にしたいと願い、その中心に位置づけた町であります。

今私たちは、次の世代へ平和を手渡す具体的行動を起こすときだと思います。次の世代へ平和を手渡す拠点として広島、長崎で亡くなられた方々の遺品や写真をはじめ、全国各地の戦没者の方々の遺品や写真、さらにはアジア、太平洋地域で亡くなられました多くの方々、そして全世界の戦没者の方々の遺品や写真をお預かりし、全戦没者平和記念館を建設し、平和の尊さ、いのちの尊さを学ぶ場をつくりたいと念願いたしております。

全人類の絶対平和を願い、次の世代へ平和を手渡す全戦没者平和記念館の建設に全国同朋の皆さま方のご支援、ご協力を心からお願い申しあげる次第であります。

# アウシュヴィッツ展

遺品と記録写真でナチスの強制収容所の全貌を明らかにする

## 人間は戦争によって人間でなくなる

平和のために自分で出来ることから

1989年12月
13日㊌〜17日㊐

花巻市文化会館展示ホール
AM9:00〜PM7:00

主催　大谷精神文化センター
（日本ユニセフ協会花巻友の会）

## アウシュヴィッツ強制収容所――人間絶滅工場

第二次世界大戦下、ナチス・ドイツは自国をはじめ、支配下のヨーロッパ各国に膨大な数の強制収容所を設置した。占領したポーランド国内においては、およそ一〇〇〇余の収容所を設置し、さらに、ガス室などの殺人機能を加え、大量虐殺を目的にした収容所を、トレブリンカ、ソビブル、マイダネクなどに建設した。その中で最大規模の絶滅施設はオシフイエンチム・ブジェジンカに建設されたもので、これをドイツ語でアウシュヴィッツ・ビルケナウ収容所（I・II・III）と呼び、この収容所で百数十万の人間が虐殺された。

この収容所は、ポーランド人の政治犯を収容する目的で一九四〇年に設置されたものである。しかし一九四二年以後は、主にナチス・ドイツの支配下におかれたヨーロッパ各国のユダヤ人がここに移送されてきた。ナチス・ドイツは、戦時産業の労働力を確保し、さらに特定の民族を抹殺するために、ユダヤ民族、スラブ民族、ロマ・シンティ等を「強制労働を通じて絶滅させる」ための政策を、これらの収容所で実行したのである。

アウシュヴィッツに移送された人々は、ナチス医師団により「選別」され、労働に耐えられぬとみなされた高齢者、身体障害者、病弱者、妊婦、児童、幼児は、「生きる価値のない者」として、ガス室などで殺された。労働者として「選別」された者も、人間としての誇りを剝奪され、極めて劣悪な状況下で、酷使されたため、おびただしい数の犠牲者を生んだ。

アウシュヴィッツから生還したポーランド人のドキュメント作家タデウシ・ボロフスキは「死体の山は煮えたぎり、唸りを生じていた……」と表現した。同じくアウシュヴィッツの生き証人と呼ばれ、ノーベル平和賞を受けたユダヤ人作家エリー・ウィーゼルは、アウシュヴィッツのゲートの前で、「かつてすべての希望が死に絶えたこの地でこそ、世界中に向けて人類の希望を叫ばなければならない」とアピールした。

## —アウシュヴィッツに学ぶ—

## 趣　旨

昨年は「世界人権宣言」四〇周年という記念すべき年であり、国際的にも反差別、人権擁護の気運が大きく高まっています。

世界人権宣言は、人類に多大の惨禍をもたらした第二次世界大戦の痛烈な反省の中から生まれ、その基本的な理念は、「差別を撤廃し、人権を確立することが、恒久平和を実現する」ことにあります。

しかしながら、人類のこうした反省にもかかわらず、世界にはさまざまな差別が現存し、多くの「人間」の人権と生命が侵されています。

私達は、四〇周年を機に、人類が犯してきた戦争の過ちを見すえ、人間の尊厳の覚醒をはからなければなりません。

そこで、実行委員会では、四〇〇万人以上が虐殺され、有史以来、人間が経験したことのないアウシュヴィッツ収容所の遺品と記録写真を展示する「アウシュヴィッツ展」花巻展を開催することといたしました。

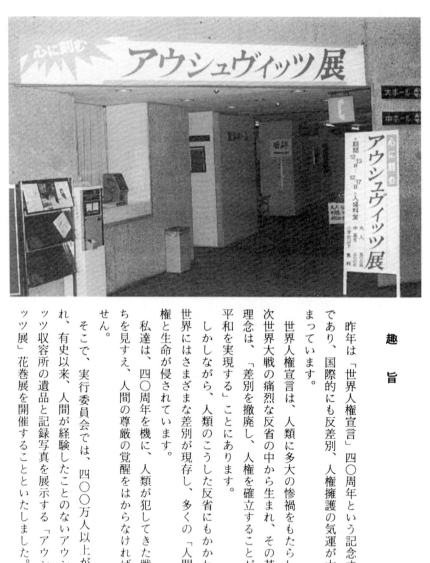

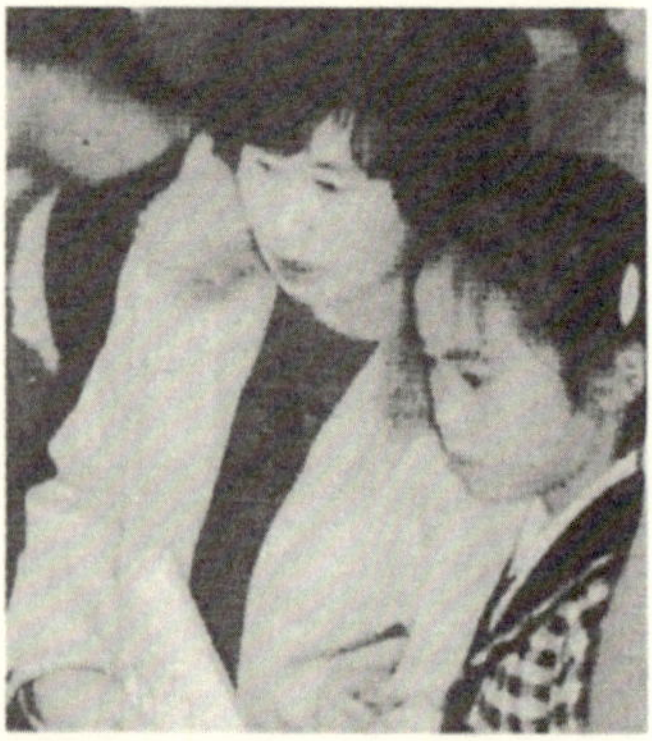

オシフィエンチムの隣のドヴオリ。ＩＧファルベーン インドゥストリ社系列のブナ・ベルケ工場を視察するＳＳ司令官ハインリッヒ・ヒムラー

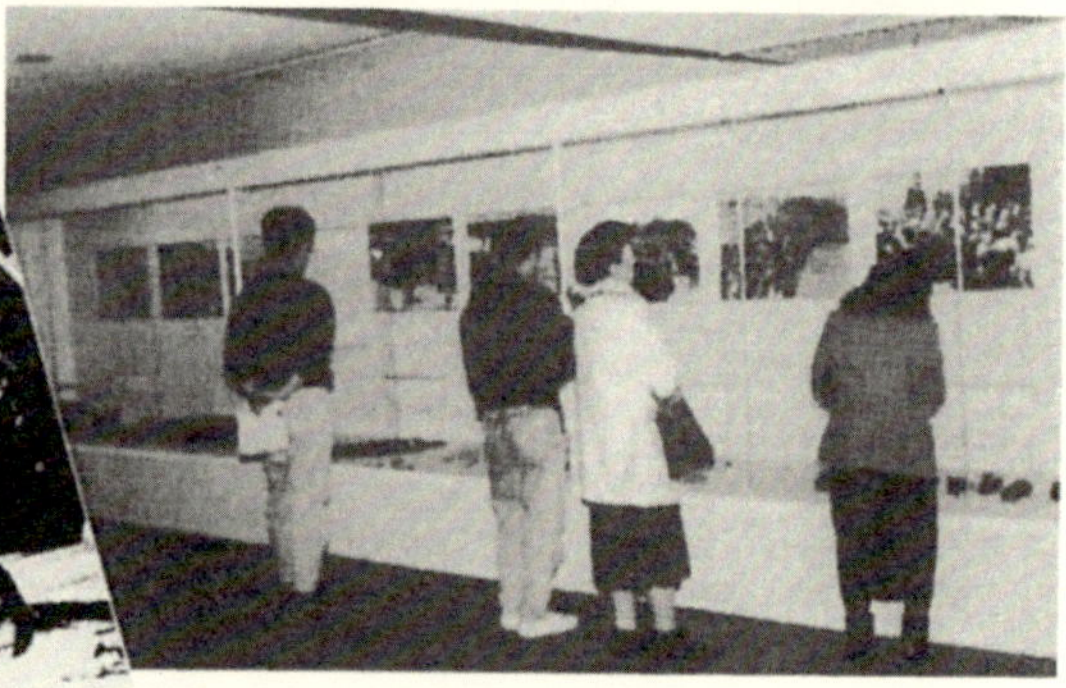

▼人間の脂肪で作った石ケン

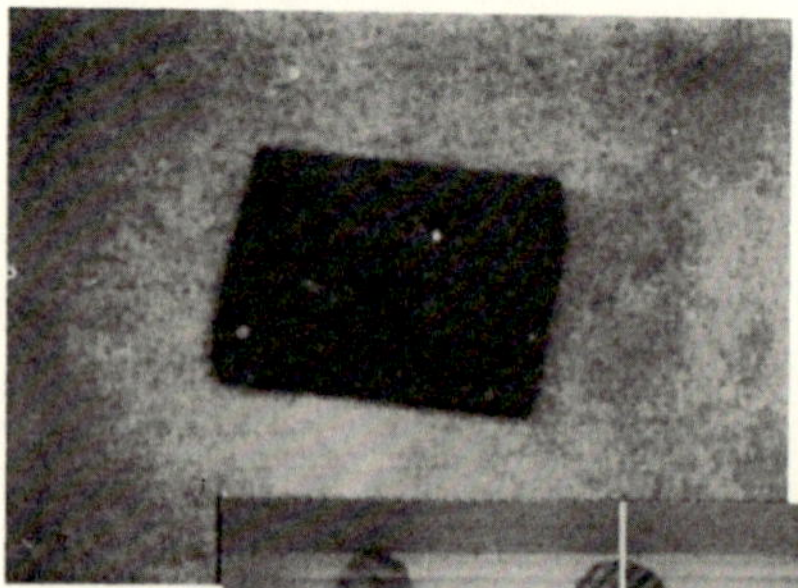

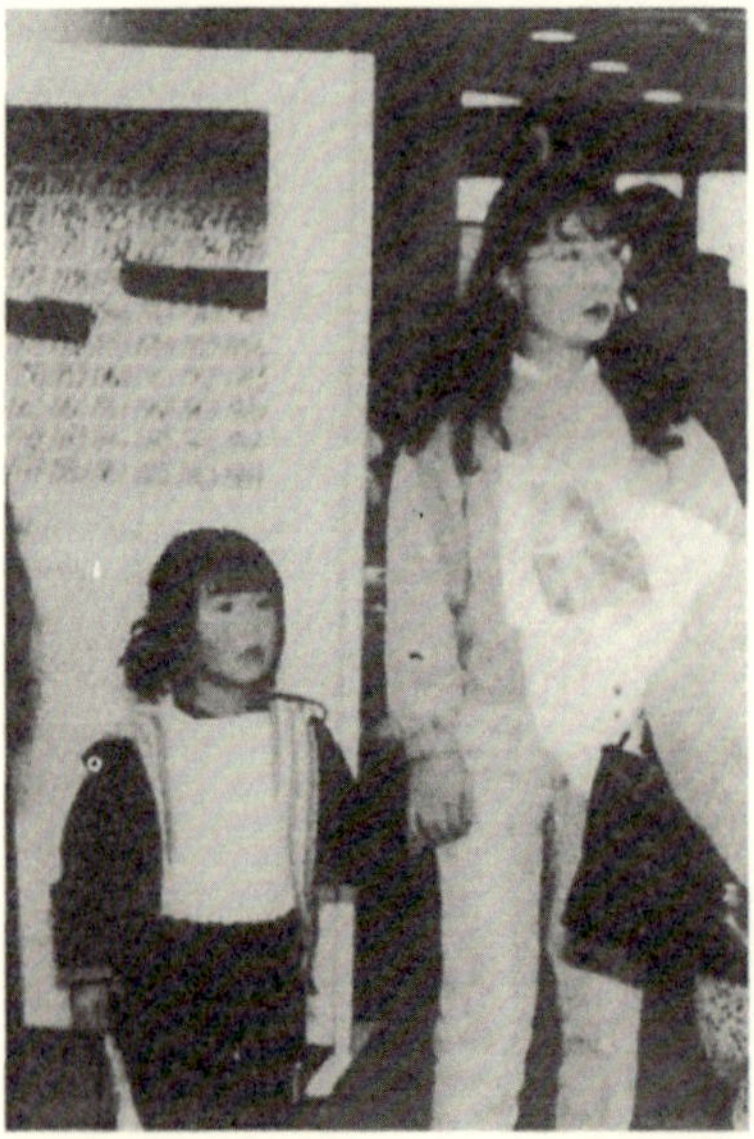

子どもたちの目

アウシュヴィッツ展

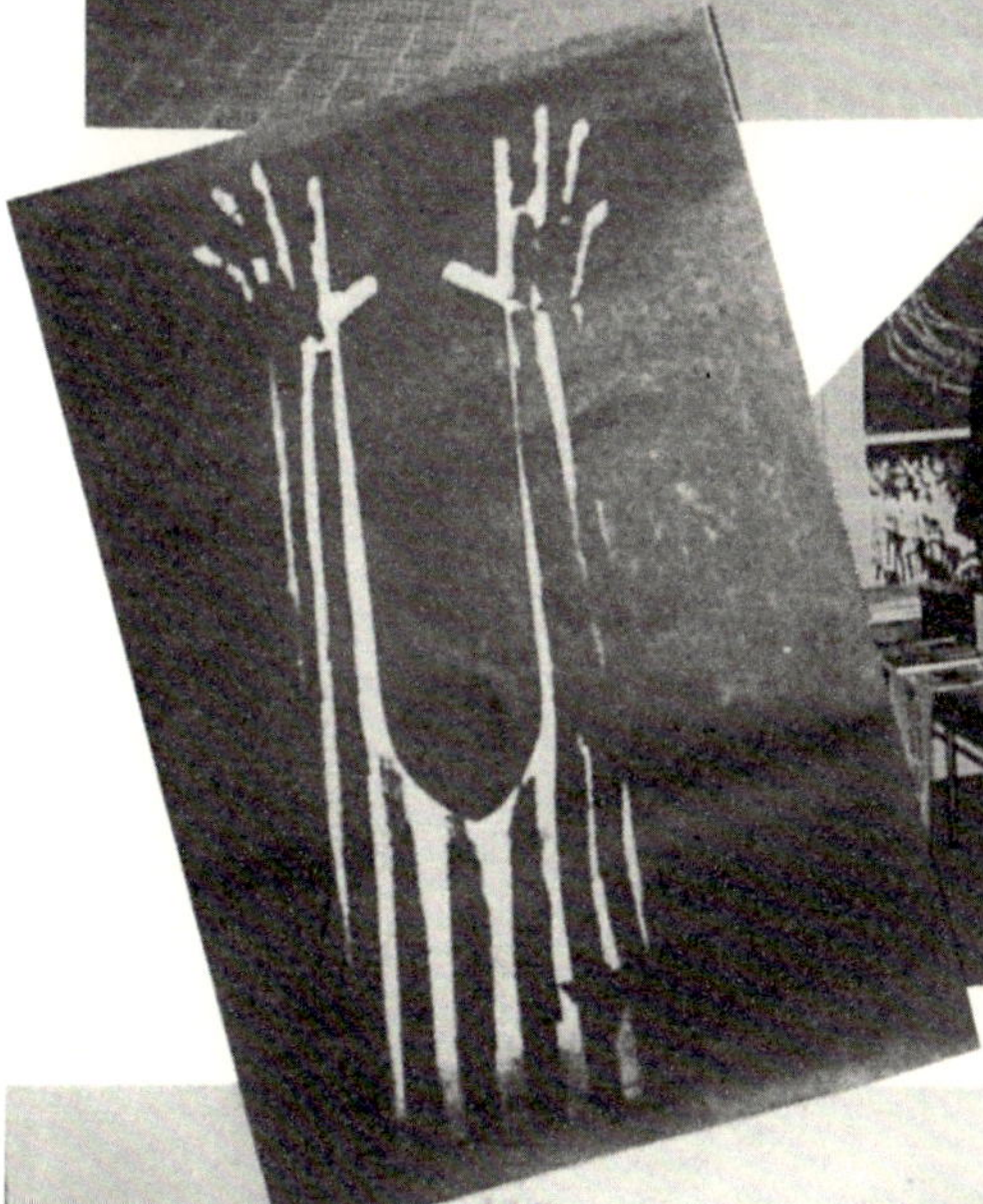

受付

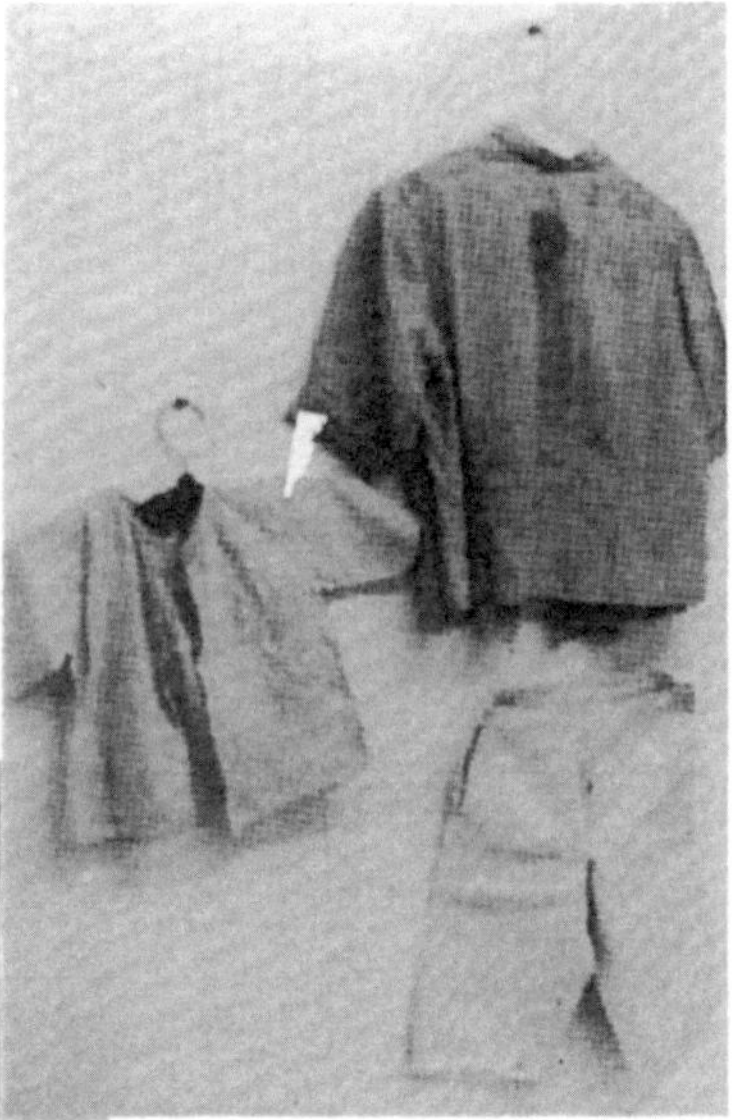

血こんが入場者の涙をさそう

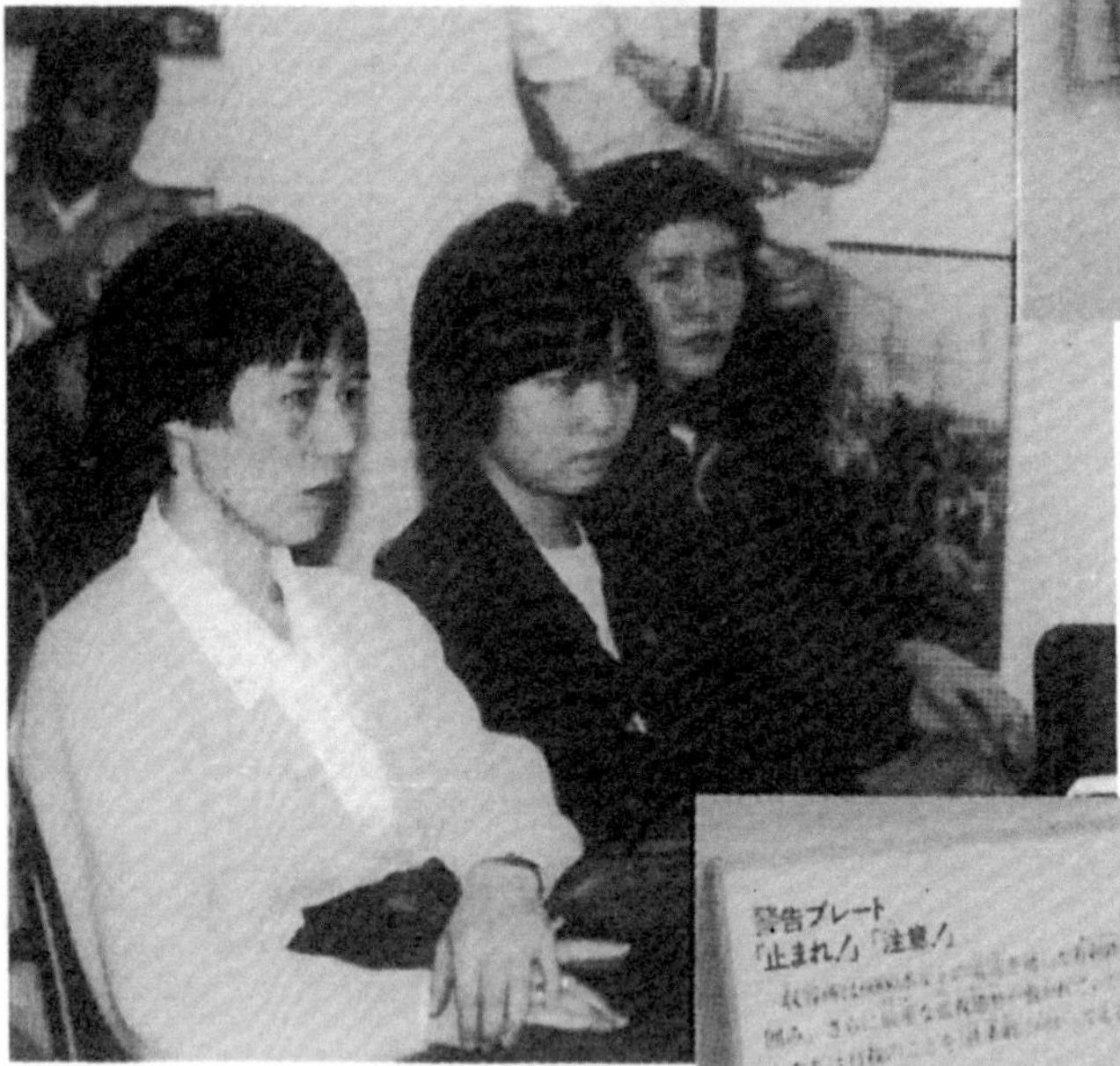

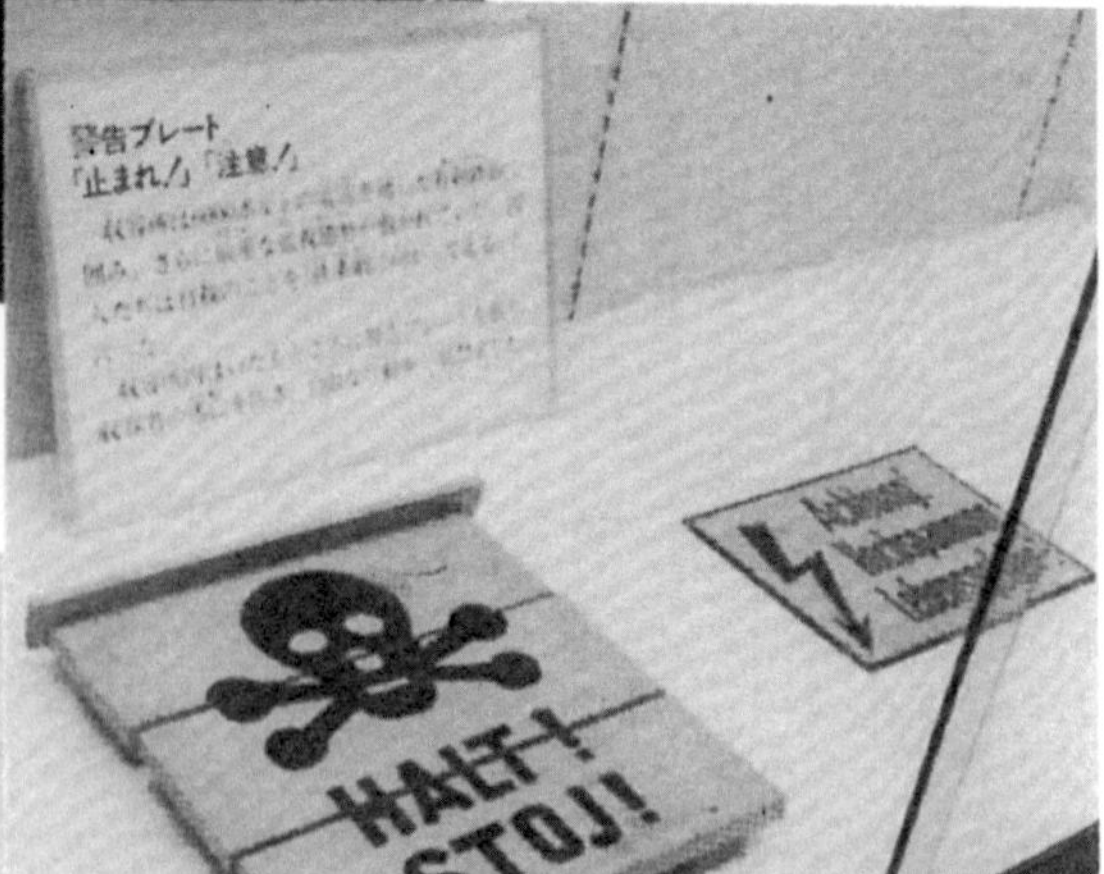

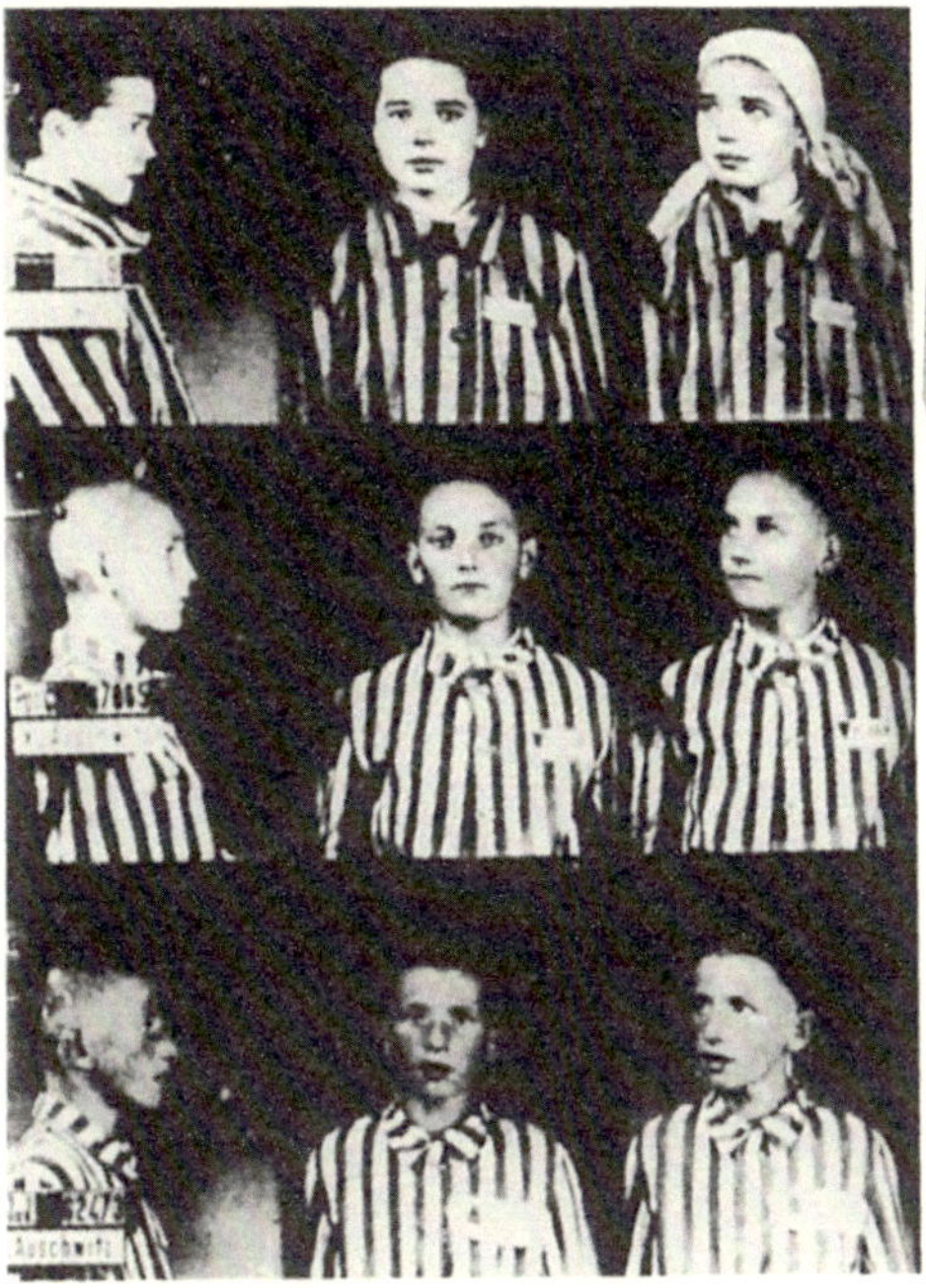

40万５千人は番号を付けられ死刑を宣告されていた。
３ポーズの写真は収容所へ到着してから撮られた。

▲ブジェジンカ。ＳＳ隊の中央衛兵所。強制移住で輸送された人の大部分がここを通過したため、囚人たちに「死の門」と呼ばれていた。

平成元年（1989年）11月25日（土曜日）　2版

# 忘れまい戦争の残虐さ

## 花巻でアウシュビッツ展

## 開催へ住職ら奔走

### 来月13日から　遺品や写真200点

林正文さん

解放されたアウシュビッツ収容所。7000人の囚人の中に200人の子供たちがいた＝同展ポスターから

人間の髪で作った布地＝グリーンピース出版会「アウシュヴィッツ収容所」から

---

話題

「アウシュヴィッツ展」を開催した　林　正文さん

## 戦争の悲惨再認識

河北新報

---

とうほく

ポーランドの強制収容所

## 遺品と記録写真展

花巻市文化会館で開く

河北新報

平成元年(1989)12月7日(木曜日)

# アウシュビッツを今に

## よみがえる大量虐殺

### 遺品展 13日から花巻で

「アウシュビッツ展」

# 平和願う心 忘れないで

17日まで花巻市文化会館で

## 戦争実態生々しく

### 囚人服、遺品、写真―150点

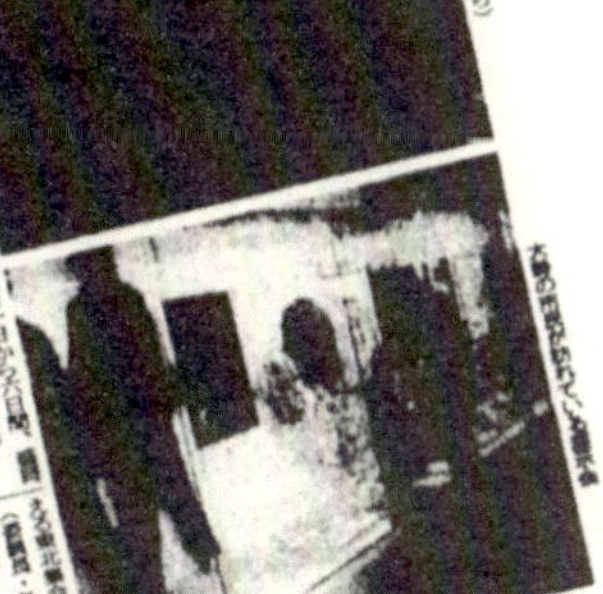

## 「アウシュヴィッツ展」を見ての感想

### 九歳まで

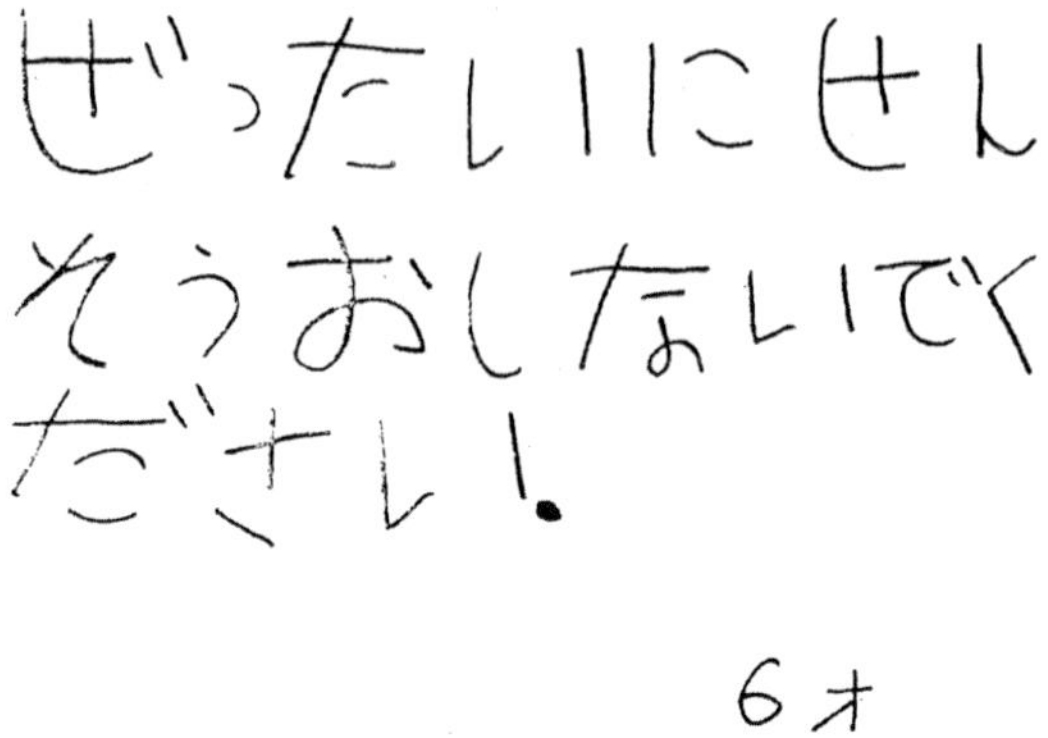
ぜったいにせんそうおしないでください。
6才

**（市内　六歳）**
石けんが変わっている。かわいそうだ。

**（都南村　六歳）**
かわいそうだった、またみたい。人のしぼうをとった石けんをつかいたくない。女の人のかみでつくったぬのはつかいたくない。

**（市内　六歳）**
ぜったいにせんそうをしないでください。

**（市内　六歳）**
かわいそうだった。

**（市内　六歳）**
みんなかわいそうとおもいました。

**（北上市　七歳）**
きもちわるかった。

**（北上市　七歳）**
かわいそうだった。

**（市内　八歳）**
こんなゆめをみちゃいそう。

**（市内　七歳）**
どうしておちゃわんにうんこやおしっこをするのかな。ふしぎでした。

**（市内　七歳）**
しなされてかわいそうだった。トイレに入っていて、もう時間がなくてゴムホースでたたかれたところがかわいそうでした。

しごとをさせられたからかわいそうでした。

だいじなものをとられてかわいそうだった。

みんなのふくをとられてかわいそうだった。

**(北上市　七歳)**

ポーランドの人がかわいそうだった。

**(市内　七歳)**

「おとな、子ども四〇〇まん人もしんで、ほんとうにかわいそうだなぁ。」と思いました。

ふくや手紙がすてられて、もったいないなと思いました。くつももったいないと思いました。

**(市内　七歳)**

たべものをいれるものがなくてかわいそうだった。

**(市内　七歳)**

かわいそうだった。

**(市内　七歳)**

おとなや子どもがしんでかわいそうでした。こんなことがあったらやです。だからせんそうがなかったらよかったと思いました。

**(市内　八歳)**

子どもたちがかわいそうでした。

**(石鳥谷町　九歳)**

せんそうはこんなにおそろしいとはしらなかった。

**(石鳥谷町　九歳)**

かわいそう。わけは、しんでいく人がたくさんいたから。

**(市内　九歳)**

せんそうでまけてしまい、しんでしまいかわいそうでこわかった。

**(市内　八歳)**

なにもわるいことをしていないのに、はたらかせたりころされたりしてかわいそうでした。

**(市内　八歳)**

ふるいくつがあったから、こんなふるいのを入れていたんだなと思いました。それにふるいかばんがあったからかわいそうだと思いました。今は。ふるいのじゃないからよかったなと思ったんだけど、むかしのアメリカの人たちは、ふるいので学校とかにいったからかわいそうだと思いました。

**(市内　八歳)**

むかしの人は、とってもくるしいおもいをしていたな。

**(石鳥谷町　八歳)**

ちょっとぼくにはできないことが、いっぱいあった。

**(市内　八歳)**

ぼくは、テレビでもみたことがあるけど、これはかなしいおはなしです。アウシュヴィッツやとちゅうでしんだりしたのでかわいそうでした。

**(市内　八歳)**

こわかった。

（市内　八歳）

しんだ人がかわいそうだった。

（市内　八歳）

せんそうは悪いものだと思った。ビデオの方がよく分かった。

（市内　八歳）

人がしんで、でも、しかたなくてしょうがないから、なくなったとおもいます。かわいそうでした。

（水沢市　八歳）

とてもかわいそうだった。

（市内　八歳）

かわいそうでした。

（市内　八歳）

もう二どとせんそうがないほうがいいです。人をころすせんそうは、いやだ。みんな、なかよくへいわにくらしたい。

（市内　八歳）

ざんこくだと思った。小さい子どももころされてかわいそうだった。

（市内　八歳）

なぜ、人間どうしでこんなけんかみたいなことをしたのかがふしぎ。

（市内　八歳）

いつも、いろんな人がころされた、かわいそうだった。

（市内　八歳）

人がしんでる写真を見、かわいそうだなぁと思いました。

（市内八歳　五歳）

死にたくない。ムチでたたかれたりした人達が、とってもかわいそうです。

ムチをみてすごくこわかったです。

（市内　九歳）

しんでいるしゃしんやめがねがあって、どうしてあるのかなぁとおもいました。

（市内　九歳）

人がしんでいるしゃしんとかがあってかわいそうだとおもいました。あと、手がきれてたりしたのできもちわるかったです。いちりんしゃに手とか足がのっていたのできもちわるかった。

（北上市　九歳）

せんそうのないじだいに生まれてよかった。

（市内　九歳）

どうしてこんなせんそうになったのかを知りたい。よく考えてみると、ドイツの人たちはユダヤ人をなにもしていないのにころすなんて、アンネたちがかわいそうです。

（市内　九歳）

今は、どこの国もせんそはないけど、むかしの人間はずいぶんひどいのだなぁ。小さなあかちゃんまでころしてしまうなんて。はたらけなくなったら自由にしてもいいのになぁ。せんそうはおそろしいことだなぁ。

**（市内　九歳）**

かみのけをみんなとられて、かわいそうでした。

**（市内　九歳）**

ドクガスなどで何万人の人がころされたことがかわいそうだ。

**（市内　九歳）**

このようなことは、こんごぜったいおこらないようにしたいものです。

**（市内　九歳）**

かわいそうだと思った。今の時代は、とてもいいなぁと思った。

**（市内　九歳）**

しんでいる人のしゃしんなどがあったりしたので、こわかったです。

**（市内　九歳）**

すごくほねだらけでほそいので、かわいそうでした。

**（市内　九歳）**

かわいそうだと思った。

**（市内　九歳）**

ころされた人とかがかわいそうだった。

**（北上市　九歳）**

せんそうは、おそろしいものだとわかった。

**（市内　九歳）**

気持ちわるいとおもいました。せんそうはひどいこともわかりました。

もうせんそうなんかしないほうがいい。

**（市内　九歳）**

昔の人が生きていてもころされてしまってとってもかわいそうだった。昔の人は、今の人はうらやましいと思っています。せんそうはこわいものと知りました。

## 十代

アウシュヴィッツについては、以前から、興味がありましたが、これ程までに悲惨なものだったとは…。

人類の不覚、という他にはないように思いました。

もっともっと、たくさんの人に知ってほしい現実です。


ヒドスギル…!!

16才

**（都南村　一〇歳）**

やっぱり、せんそうはいけないと思った。


**（北上市　一〇歳）**

女の人をころす前にかみの毛をきられるなんて、ひどいと思いました。


**（和賀町　一〇歳）**

じっけんだいにされた人もいたし、一日の食べ物はとてもすくなくて、今の私たちにくらべものにならないくらいかわいそうだった。


**（市内　一〇歳）**

こわい！


**（東和町　一〇歳）**

少し信じられなかった。かわいそうだった。少しこわかった。もう戦争がおこってほしくないと思った。それに、日本でもこんなことがあったのか不思議。


**（市内　一〇歳）**

せんそうじだいはたいへんだなぁと思った。


**（市内　一〇歳）**

戦争時代はすご〜くこわいんだなぁと思った。


**（市内　一〇歳）**

ユダヤ人は、何も悪いことをしていないのに、収容所に入れられてころされたり、むりにはたらかせたりして、ドイツ人はざんこくだと思った。


**（市内　一〇歳）**

アウシュヴィッツしゅうよう所のつらいまい日をみて、ヒトラーは人間の心をもってないのか！と思った。

（市内　一〇歳）

戦争は、とてもこわいものだと知りました。何万人もの人口がぎせいになってかわいそうでした。

（市内　一〇歳）

写真をみて、むかしの人のあわれさにおどろきました。

（市内　一〇歳）

むかしの人たちのかみのけやいれば、きんばをうったりするのは私はできません。私はせんそうのことはしりません。ただ、学校の国語の日本のせんそうのことは少ししっています。ドイツの話はしりません。しゃしんをみてかわいそうになりました。

（市内　一〇歳）

わるいことしていないのに人が次々にころされていたので戦争はひどい。

（市内　一〇歳）

かわいそうだった。

（北上市　一〇歳）

むかしは、人をかんたんにしゃさつしたりガスしつにいれてころすから、とっても、ざんこくだと思いました。

（市内　一〇歳）

なにもしていないのにころされてかわいそうでした。かみのけをきったりガス室でころしたりかわいそうなことばかりやってわるい人たちは、自分がやられてもいやだと思わないのかと思いました。

（市内　一〇歳）

女の人がかみをきられたり、つみもない人たちがころされてかわいそうだ。

（米沢市　一〇歳）

ころした人はいいきぶんでいれるけど、ころされた人はたぶん「もうすこしいきていたかったなぁ」と思っていると思います。いまわたしたちは、この時にうまれたけども、もっとまえにうまれた人はかわいそうだなぁと思います。

（北上市　一〇歳）

ちょっとこわかったけど、いろいろなものがあったので、いろいろと勉強になった。

（市内　一〇歳）

かわいそうだった。

（石鳥谷町　一一歳）

こんなことをする人なんて人間じゃないと思った。あまりにもざんこくすぎる。

おもわずなみだが出そうだった。

（石鳥谷町　一一歳）

このアウシュヴィッツ展で戦争のおそろしさくるしさをしったので、もう二度とこのようなむごいことはおこしたくないと思った。このようなひれつなことは考えられないと思う。

（石鳥谷町　一一歳）

一番心に残っているのは、ガス室で、何千人、何万人という人が殺されたということです。もしも、自分がそんな目にあったらどんなでしょう。実さいにたいけんしてみないとわからないでしょうが、その人たちはうんと苦しかったことでしょう。もうこんなことは二度とおってほしくないと思いました。

**(石鳥谷町　一一歳)**

戦争でこんなことまでする人達は、人間ではない気がする。これからは絶たいそんな戦争が起こらないでほしいと思った。

**(市内　一一歳)**

くつや写真や服を見て、なんか、かなしい気持ちになった。

**(市内　一一歳)**

戦争の時にいきてた人はかわいそうだ。

**(市内　一一歳)**

ひさんだと思った。

いまに生まれてよかった。

**(市内　一一歳)**

かわいそうだと思った。今の時代に生きていてとてもよかったと思う。

**(矢巾町　一一歳)**

「こんなことがあっていいのか」

「こんなことが許されるのか」

と何度もむねをいためさせられました。私は生きている限り「アウシュヴィッツ展」をわすれることはないと思う。今の私達の生活をあらためて幸に思う。

**(市内　一一歳)**

子どもの血のついたふくを見たときは、お母さんにせつめいされ、なみだがでました。

もし、「日本もこんなになったら、どうしよう。

「私も、まるぼうずになったら、どうしよう。」

と、考えてみていました。

あとスープのいれるものにも、便器としてつかっている。それも心にのこっています。

**(市内　一一歳)**

私は、へいわなじだいにうまれてよかったとおもいます。なぜならば、それはぼうずにされたり、りょうしんともわかれなくてすむからです。それから、人間どうしがなんでころしあわなきゃいけないのかなとビデオを見ながらおもっていました。で、できることなら、せんそうをかんがえた人をなぐりたおしたいです。

**(市内　一一歳)**

「アウシュヴィッツ」を前からしっていたけれど、見て見るともっとわかったのでよかった。

**(市内　一一歳)**

アウシュヴィッツのことはしっていたけど、こんなにひさんなものとはしらなかった。力《ちから》のない子供などを、いろんなやりかたで殺したので、かわいそうだった。女の人も、かみのけをきられ、ぼうずになっていたのがかわいそうだった。

戦争とは人間を変える！まさに恐ろしい事です。花巻は非核宣言の町。

**（市内　一一歳）**

ほんとにせんそうのようすが、めにうかぶようです。ゴムのムチでたたかれたりして、とてもむざんだと思いました。

**（市内一一歳）**

ゴムのムチでたたかれていたり、やせほそったり、ガス室につれられたりしたのがかわいそうでした。

**（市内　一一歳）**

みんな同じ人間なのに、人間が人間をころしてしまったりしてひどいとおもった。

**（都南村　一二歳）**

アウシュヴィッツはとてもひどいなぁと思った。人のしぼうで石けんをつくるなんて考えられなかった。ガス室で、二五分ぐらいで二〇〇〇人ぐらいの人をころすとは、とてもひどいと思った。

**（北上市　一二歳）**

人をもののようにあつかったり、何も悪いことをしていない人々を殺したナチスやそれにしたがった収容所のえらい人は、ひどくざんこくな人たちだと思った。

**（市内　一二歳）**

戦争中の人の生活などが印象にのこった。生活が苦しかったのでたいへんだったと思います。無罪の人がばつをうけたりするのでかわいそうでした。今は考えられないほどやせているのでそれほどつらかったということが分かりました。女の人がかみをきられてぼうずになっているのでかわいそうでした。やせほそった人がたおれて死んでいる所がいっぱいあるのでかわいそうでした。この時すんで生活していた人はすごく生活がくるしいなとつくづく思いました。この時生きていた人はかわいそうだと思いました。

**（市内　一二歳）**

とてもかわいそうだとおもった。

**（石鳥谷町　一二歳）**

かわいそう。そまつな食べものだけでいきられないと思う。

**（石鳥谷町　一二歳）**

なんでこんなひどいことをしたんだろうと思った。こんなことをする人たちが今でもいたら、いやだと思った。

**（石鳥谷町　一二歳）**

子どもたちが、ガス室で何人も殺されたのでかわいそうだった。

**（石鳥谷町　一二歳）**

子供達は、何も関係ないのに、ガス室でころされたりしてかわいそう。

もう戦争なんてやらないでほしい。（もうやるな!!）戦争のひどさがわかった。

**（石鳥谷町　一二歳）**

ざんこくなことばかりで、人間ってざんこくだと思った。

**（石鳥谷町　一二歳）**

なんの罪もない人々、子供、若者、老人までが、理由《わけ》の分からないまま殺されざんこくであった。人間のつまらない心のおかげで、何百万人の人々が殺され、悲しくもあり、そして人間のざんこくさにくやしくてならなかった。私達のこれからの時代にこんな悲しいこと、戦争などなければと願い、これからの時代にこんなことをを継ぐ背負っていく者たちで、このようなことを絶たいおこしてはならないと思う。


（市内　一二歳）

戦争の時代は、とてもたいへんだったんだなぁと思った。


（市内　一二歳）

戦争はもう二度と起こしたくないと思います。


（矢巾町　一二歳）

ユダヤ人のむごさをおもいしらされました。


（市内　一二歳）

人間が人間を殺したり、収容所（ガス室）で殺されたり、本当にかわいそうだと思います。子供のことを実験台にしたりした人を絶対ゆるせません。


（市内　一二歳）

戦争時代のことを社会で勉強したけれどそんなになく、ここの展示はとてもたくさんあった。ひどいことをすると思った。

もうやってほしくないし、やりたくないと思う。


（市内　一二歳）

ユダヤ人がなにもわるいことをしていないのに、いろんなふうにころされてしまって、ドイツ人の人はどうしてこんなことをしてまでころしてしまったのかふしぎです。小さな子どもや老人までが、どくや部屋に入れられてしまってころされたのがとってもざんこくだったと思います。


（市内　一二歳）

人種差別がされて、かわいそうだった。


（北上市　一二歳）

ずいぶんかわいそうなことをしていたと思う。生活はとてもそまつで、まずしいようなかんじの生活だった。たいぐうは、収よう所でもものすごくひどい方だったと思う。


（石鳥谷町　一二歳）

食べ物は、スープにパン。用をたす時はその皿を使わなければならないのがかわいそうだった。


（市内　一二歳）

ドイツ人はとっても残こくなことをすると思いました。女性の髪の毛を刈りとったり、食事も満足にあたえなかったり…やることはすべて人間のやることではないようだ。


（市内　一二歳）

もうこれからこういうことはしてほしくないです。かみをふくにしたり、しぼうをせっけんにしたり、骨をひりょうにすることはとても考えられません。


（水沢市　一二歳）

ほねだらけで、やせほそってかわいそう。（食物など）人間でせっけんを作るなんてひどい。

（市内　一二歳）

いろいろよんでみたり、ビデオを見たけどちょっとこわかった。

こんなにむごいことをする人がいたなんてしらなかった。


（市内　一二歳）

ずいぶんひどいことをしているなと思った。同じ人間でも平気で殺してしまうなんてひどい。せつめいがちょっとむずかしかった。


（市内　一二歳）

こんな苦しい生活をしてきた人がとても可愛そうになりました。罪も理由もない人たちがどんどん殺されてくなんて、今生きている私達はうらやましいと思われるくらいだと思いました。理由のない人々がするより、殺している人や所長、そういう人々が自分でやればこんな苦しい生活にならなかったでしょう。


（市内、一三歳）

どうしてこんなかわいそうなことをするのか……。とてもかわいそう。

同じ人間なのに、どうしてそんなことをするの？私はその考えがわからない。


（市内　一三歳）

人間としてのあつかいをされていない人たちが、かわいそうだった。もう二度とこんなことが起きてほしくないと思った。


（市内　一三歳）

戦争によって平和にくらせなくなるということは、とても悲しいことだ。人間が人間の手で殺されているということはとても残念です。戦争は、人間が自分たちでおこしていることがとても心に残った。

私たちは、これからの時代をつくる人間なので二度とおそろしい戦争をおこらせないようにしたいと思います。


（市内　一三歳）

人間同士なのに、なぜ争わなければいけないのか。どうして……。

四〇〇万人もの人の命をそんなになくしてしまっていいのか、私は考えます。

アウシュヴィッツ展をみて、私は悲しくなりました。でも、このことを経験した人は私が今思う心より、すごく言い表せないほどの苦しさ、悲しみ、こどくを持っていたと思います。人はおそろしいと思います。


（市内　一三歳）

死けいといわれた人の手紙で、自分の死はきまっても、最後まで家族のことを考えていたということに心を打たれました。


（市内　一三歳）

ナチスとそのこういを、ひさんだとなげき怒るだけより、それと知らずにナチスをつくってしまったドイツ国民の心理を考えるのが大切なのではないだろうか。遺品のくつのサイズには、小さいものもあった。そのくつをはいていた人達が、なぜ殺されたかを考えるのはムダだと思う。それを実行させたのがヒットラーであるなら、狂言者の心理を探ることになると断言するからだ。

**（市内　一三歳）**

アウシュヴィッツ収容所が、どんなにユダヤ人にとっては恐ろしいものかということが分かり、戦争というものはここまで残こくだということが恐ろしく思った。

**（市内　一四歳）**

アウシュヴィッツ収容所に入れられた人々の苦しみ、つらさがにじみでていたような気がします。収容所に入れられた人々にくらべたら、今の日本人はとてもゆうふくだし、ぜいたくをしすぎていると思う。なんの罪もない人々が何故殺されなければならなかったのか？何故働かされなければならないのか？疑問に思いました。こんなことをする人は、人間じゃなく悪魔だと思う。

**（市内　一四歳）**

私は本当に幸せだと心から思う。見てよかった。

**（市内　一四歳）**

このころに生まれてきた人々は、とてもざんぎゃくでむざんな一生をおくったと思う。

**（市内　一四歳）**

戦争の時代に生まれなくてよかった。この平和がもっともっと早く始まっていたなら、ドイツでもどこでもこのようなひげきはおこらなかったと思う。今後このようなことをおこさないため努力していく必要があると思う。

**（市内　一四歳）**

人間のすることでもないし、人間がやられることでもないと思った。今はすごく平和だと思う。

**（北上市　一四歳）**

社会の教科書には、ドイツのアウシュヴィッツのことはほんの少ししかふれてなかった。なぜ？もっとみんなに知らせなければいけないことなのに。日本も、他の民族を迫害、しんりゃくしました。そのことも、たくさんこれからの子供に知らせなければいけません。私の将来のゆめはドイツ行き。この目で、耳で戦争の〝つめあと〟をしっかり見てくることです。老人と子供がガス室へむかう写真は教科書にのっていたし、アンネ・フランクものっていました。とても今日は充実していたと思う。みなさんありがとう。

**（市内　一四歳）**

ナチスはものすごくこわいことをしたと思います。人間を人間と思っていないようなこういだと思いました。

**（北上市　一四歳）**

このようなことが行われていたとはよくしらなかったので、おどろきました。

残酷というのでしょうか。棒をくぐって、とおれた子供はガス室へいくというのは、とてもおそろしいものでした。ある新聞で、ジェットコースターにのりたい子供が、しんちょうが足りなくてのれないところを、まわりの人々に「かわいそうだ」といわれてのることができた。

という記事をよんだのですが、もしこれがジェットコースターでなくガス室へいくのだったらどうだったのでしょう。考えるとおそろしいです。

**（東和町　一五歳）**

すごくかわいそうだ。

**（市内　一五歳）**

アウシュヴィッツのことは、中学のときに社会の時間で習いましたが、こんなにひどいとは思ってなかったです。罪のない人間が殺されたり、強制労働させられたりなんて、とてもむごすぎると思った。

人間はだれでも平等に自由に生きていく権利があるのに……。二度とこんなことがおきないように多くの人々にこのアウシュヴィッツのことを知ってほしいです。

**（市内　一五歳）**

とてもかわいそうでした。子供たちまで何ていうことなく殺されて、老人なんかもただ〝働けない〟ということだけで殺して「人間の命をなんだと思ってるんだ」って感じた。実にムゴイと思う。

**（市内　一五歳）**

話は前々から聞いていた。けれども、実際に見たことはなかったので見てよかったと思います。どれも、非人間的な殺し方で殺しているのは許せることではないです。もう二度と、こんなことはあってほしくない……と、改めて思いました。

**（市内　一五歳）**

今では考えられないとてもひどいことをドイツでしていたなんて、ゆるせないと思った。

**（市内　一五歳）**

私が思っていたよりも、ユダヤ人に対するはく害や強制労働がすごいものだったことを知りました。とても同じ人間がすることとは思えないものでした。あらためて平和の大切さ、生命の尊さを思いしらされました。

**（市内　一五歳）**

戦争・人種差別は絶対に有ってはいけない。

**（石鳥谷町　一五歳）**

ほんの何十年か前なのに、このような恐ろしい事が行われていたのが信じられなかった。収容された人々の生活は私たちにはわからない位つらかったただろうと思う。いろいろなことを知ることができてよかった。

**（市内　一五歳）**

昔はこんなにもむごいことをしていたのだなぁと改めて思いました。

たくさんの友達に見てほしいと思った。明日でおわりだと聞いたが、ぜひ、またいつかこの場で開催してほしい。ビデオを見て……。あれが本当に人間の姿なのか、そして本当にあれが人間の行ったことなのだろうか。私にはしんじられない。人間が人間をころし、とても悲しいことだ。私はそれを目のあたりにできてうれしくおもう。決してくり返してはならないことを知ったからだ。

**（東和町　一五歳）**

数人の人が上に立ち、四〇〇万人ものつみもない人々をむざんに殺してしまったドイツの人達。あなたたちには何も感じることもなく、殺してしまったのですか？とてもひどすぎると思います。今でもなお、このむごさはひきつがれている。もっともっと多くの人にみてもらいたい。

**（和賀町　一五歳）**

とても悲しい。

**（石鳥谷町　一五歳）**

同じ人間なのに。どうしてこんなざんこくなことをしなければならなかったのでしょうか。どんな気持ちで人間を殺したりしたのでしょうか。見て歩いていたら、とてもこわくなりました。言葉では言い表せない。私は戦争を経験したことがないので、写真やお話やテレビやものでしか知ることができません。だから、もっともっとこのような展示会をして、戦争のおそろしさを教えて下さい。

**（大槌町　一五歳）**

戦争経験がないので、せまりくるような恐怖感があまりわからないけど、心に深く刻まれた。貴重な経験をしたと思います。

**（市内　一五歳）**

こんなにひどいとは思わなかった。私はこの展示会が見られてよかったと思う。

**（市内　一五歳）**

ユダヤ人だけでなく、ポーランド人も殺されていたなんて知らなかった。なんの罪もないのに囚人とされ国籍も人格もなくして、ただ死ぬのをまつこの人達の心境はどんなだったんだろう。抵抗した人たちを至近距離で射殺したり絞首にしたりとてもむごいと思う。殺された罪のない人達はとてもかわいそうだ。

**（市内　一五歳）**

知ってはいても、実際見せられると改めて、悲さんさを感じました。細かく説明が書いてあって、とても分かりやすかったです。沢山の人に見てほしいなぁと思いました。（地図もよかったです。）

**（市内　一六歳）**

アウシュヴィッツについては、以前から興味がありましたが、これ程までに悲惨なものだったとは……。人類の不覚、という他にはないように思いました。もっともっと、たくさんの人に知ってほしい現実です。ヒドスギル…!!

**（市内　一六歳）**

なんとも言い表すことのできない気持ちです。このようなことをしなければならなかったという時代、戦争というものの残酷さをあらためて知りました。すべては戦争にもとずくものであり、戦争が人の心を変えてしまった結果であると思います。二度と起こしてはならないことはだれもが思っていることであるから、これをこのような形でうったえることもたいへん必要なことだと思いました。

**（市内　一六歳）**

アウシュヴィッツについて少しはきいたことがあったが、今日、これを見るまで、こんなにひどいものだとは知らなかった。

罪もなく、理由もわからず殺されていった多くの人達はとてもかわいそうだ。殺された人もかわいそうだが、殺した側の人々はもっと人間的にかわいそうだ。どうして殺したり実験台にしたりしなければならないのか。過去にこんなことがあった事を、現代の私達は決して忘れてはいけない。

今はなんて幸せな世の中なのだろうとあらためて思った。こんなことを二度とくり返してはいけないと強く感じた。


**(市内　一六歳)**

最初はあんまり行きたくなかったけど、きてほんとうによかった。

自分の今の生活が、彼らにくらべてもうどうしようもないくらい、なんといえばいいのか、ほんとうにちがう。それだけでなく、人間が人間を殺すというのは許せない。「人間」というのはほんとうにすざまじい。私は少したてばまた笑ったり食べたりダイエットしたりするけど、それがすごくぜいたくな気がする。自分が傲慢な奴のように見える。心が生きている人間になりたいと思う。私はほんとうに恵まれた人間だ。

ごめんなさい。


**(市内　一六歳)**

戦争ほどイヤなものはないと思いました。


**(市内　一六歳)**

かわいそうという気持ちを通りこして、怒りをかんじました。自分が知っていた以上にひどい、ナチス・ヒットラーの政治について、わかったことが良かったと思います。それにしても、同じ人間であるのにどうして簡単に殺したり、実験用モルモットのように扱ったりできたのかと悲しくて仕方がありません。二度と同じことをくり返してはいけないと強く感じました。


**(市内　一六歳)**

今後は、絶対にこのようなことが起きて欲しくない。


**(市内　一六歳)**

残虐さを改めて感じた。

平和な時代に生まれたことを感謝するのとともに、もうこんな悲劇はくり返してはいけないと思った。


**(石鳥谷町　一七歳)**

とにかく私には全く理解できません。

人間の心とは、こんなにも残酷なものに変わってしまうなんて恐ろしいと思いました。こんなことで理由もなく苦しめられ、死んでいった人たちのためにも、そして世界をより平和に保っていくためにも、このことは後世に受け継いでいかなければならない重要な事実であると思いました。


**(市内　一七歳)**

教科書に数行書かれているほんの少しの事実証明は、なんてたよりのないものなのだろうと思った。人間は鬼にもなれるものなのだとあらためて実感した。罪もなく死んでいった人達のSSなどの役職のために自分もガス室へ入れられるのがイヤで収容者達をなぐった人達も、（かわいそうということばはあまりにありきたりかもしれないけれど）かわいそうだと思った。
将来こんなことが起きたとしたら、自分が収容者になったら、ＳＳになったら、私はどうするだろう……。

**（東和町　一七歳）**

今では考えられぬことが、実際にやられていたということを、あまりふかく考えたことなどなかった、今日の展を見て何ともいえぬものを感じてしまった。
でも、このような展を、もっとも多くの人に見てもらいたい。
（時間がありませんので以上ですいません）

**（石鳥谷町　一七歳）**

あまりにも冷酷である。今日の日は忘れることができない。あまりにも悲しすぎた。
私はアンネの日記を読み、すごく感動した、しかしもう一度読みたいと思う。今日の日を忘れないためにも。これからも「平和」のためにアウシュヴィッツ展を開いて下さい。本当に感動した。

**（市内、一七歳）**

囚人は皆殺されてしまうなんてひどいと思った。一八〇人の子供が生かされていたようだが、それもモルモットとして生かされていたとは子供達がかわいそうだ。今の時代では考えつかないようなことばかりだった。ガス室には一〇〇〇人もの人がつめこまれてこそに毒ガスが流されたそうだが一五分～二〇分で皆死んでしまうなんて、ひどいと思った。囚人の生活にしても一年中同じ服を着せられて、寝る時でも、一ｍ幅の毛布一枚に三人が寝るなんて。日本人の私達でも足りないと思っているのに、ましてや外国人の男性だったらどんなふうに思ったのだろうか。そんなにひどい生活をしていたとは思ってもみなかった。いろいろ驚かされた。

**（東和町　一七歳）**

今、幸せに生活していることがとてもありがたく感じられました。なぜあんなにたくさんの罪のない人々が殺されなければならなかったのでしょう。あの人達に、私の生活を半分でもいいからわけてあげたい。

**（市内　一七歳）**

アウシュヴィッツ＝アンネフランクという印象が多く興味があり見てみた。私はガスにより殺された事をしっていた。又、死ぬまで、働かされるのもしっていた。しかし、女性から髪の毛を刈り取り布を作るなんて……。女性である私としては、絶対にゆるされないことであり、又、悲しい事である。今回このパネルやビデオをみて、又興味をもった。個人の感情により、人間としての自由をうばわれ人権もうばわれ、むざんな姿で、殺されていった人々を深く哀悼する。あってはならないことである。

**（市内　一七歳）**

人間て、きたなくみにくい生きものだということを前にもまして思うようになった。中学生のとき、この会館の大ホールで「鬼のめだま」（？）というのを見に来ましたが、やっぱりこういうのは人間として信じられない行為です。高校の授業で、もう二、三時間もすればヒットラーの独裁を学習するので、少しでも理解できればと思って来ました。人種差別を行ったヒットラーの独裁を私たちは非難しているけれど、そのようなことを、はたして私たちはできるのでしょうか。強制収容所が残されているということは収容所で死んでいった人たちへのせめてものすくいだと思います。

**（石鳥谷町　一七歳）**

戦争の悲惨さをあらためて感じ、二度とくりかえしてはならないと思いました。平和な今の生活を保つことが重要だと思いました。

**（東和町　一七歳）**

信じられなく、恐ろしい。

**（北上市　一七歳）**

戦争の残酷さを感じました。平和な今だからこそ、このことを考えなくてはならない！と思いました。棒をくぐってガス室へ行く子供が、かわいそうでなりませんでした。本当に人間は、戦争によって人間でなくなると思いました。指導者たちは、まだ生きているのでしょうか？処罰するべきだと思います。

**（石鳥谷町　一八歳）**

わたしが生まれる何十年も前にこんなに恐ろしい時代が同じ地球の上でおこっていたと思うと、何ともいえない強くこみあげてくるいかりと悲しみがあった。

**（東和町　一八歳）**

改めて、多くの悲劇を生み出す〝戦争〟というものについて考え、そして憎んだ。昨今の若者の中には、見せかけだけのインテリジェンスを振るまうべく、軽率かつ投げやりに歴史を語り、ヒットラー及びナチスの存在、そしてその行為に対して、肯定的な意見を述べる者が（一部であろうが）いる。ナチスの恐ろしい程冷静に、かつ合理的に行われた残虐行為が現代の医学を進歩させたのだ。などと言う者がいる。そんなことを言う奴等は、医学の進歩だとかそんなもの以前の、人間としての何かを見失っているのだ。

**（市内　一八歳）**

二度とこのようなことがおこってほしいとはおもわない。私は航空自衛隊に入隊になりましたが、戦争がおこった時、二度とアウシュヴィッツの様なことがおきなければいいと思う。

**（市内　一八歳）**

人間を物のように扱っていて、すごい残酷だと思った。そういうことをやるなんて信じられない。世界中でそういうことはもう二度とおこってほしくない。

**（市内　一八歳）**

一言では言い表せません。アウシュヴィッツで行われた悲劇のことは、今まで何回か耳にし、また「アンネの日記」でもうっすらと事実にふれていました。実際に遺品、ビデオ等を見て自分の知識はなんと浅いものだったか、そして私は〝どこかの国で昔にあった悲劇〟程度にしか感じていなかったことを思い知らされました。ヒトラーの犯した罪は将来どんなことがあろうともつぐなわれるものではなく、これからも何万もの人々に彼はにくまれ続けることでしょう。

**（東和町　一九歳）**

人間が人間をころしていぃのだろうか？

**（市内　一九歳）**

すごくためになった。

**（市内　一九歳）**

ただ、悲しいそうというだけです。同じ人間として、よくこんなことができると思いました。母さんにも、いろいろ話を聞いたりしましたが、ここに来ていろんな事を知る事ができました。何のつみもない人たちをここまでおいつめるヒトラーという人がにくくてたまりません。もう、こんなことはどんなになってもやってほしくありません。

**（市内　一九歳）**

二度とこんな事がおこってはならないと思いますし、こんな事を起こしてはならないと思いました。豊かな生活をしている現在では、こんな事が起こったという事は、想像も出来ませんが、これからずっとずっと伝えられていくべきだと思いますし、伝えていくべきだと思います。そして平和の意味をみんなで考える必要があると思いました。

**（市内　一九歳）**

もっともてんけいてきな人しゅさべつだと思う。今もそれは変わりないような気がする。こういう会を開き、戦争に反対をとなえても何も変わりもしないのが哀しい。もうすこし、同情だけではない考えをもってほしい。子供たちの反応があまりにも哀しいと思う。親はもうすこし、命というものをおしえてほしい。

二十代

言葉にならない怒りと悲しみを感じた。

ユダヤ人やポーランド人の苦しみ・悲しみが伝わってくる思いをした。この惨事を二度くりかえさないようにしなければと思う。


最後にこの企画展をひとりでも多くの人が見て感じ忘れないでほしいものだと思う。　24才

同じ人間が自分達のために他の人間を人間として扱わない。そういう人間達の方が形は人間であっても心はけものより劣る！　人間ではない。

中にはいやだと思いながらもそうせざるをえない人々もいたかもしれない。だがそれは悪と通じていることだ。弱い心だ。結局悪を許していることも悪だ。

そういう気持ち　心がこわい。

見に来ている方々が年輩者が多いのでもっと若い人達にも関心をもってもらいたい。知ろうとしないのは無責任です。

無念の死をとげた方々のめい福を深く祈ります。

28才

**（市内　二一歳）**

この世にこういう状況があったということが、今からではとても想像がつかず信じられない。写真や遺品からでも、この状況を自分が知ったことを良かったと思う。今の生活がより幸せだと感じれた。


**（石鳥谷町　二一歳）**

人間が人間として扱われていなかった。こういう話は、TVのドキュメントでもよく耳にするし、学校で社会の授業でも習ったけれど、今、こうしてその遺品等をこの目でみてとてもショックをうけました。


**（市内　二一歳）**

大戦時のことを考えると、いつも「なぜか」という疑問がわく。具体例では「なぜ収容所の兵士達は平気で殺せたのか。」など。

この疑問への答えを段階別に考えてみる。

一番考えなしの答えとして、「彼らは狂っていた。」というものがある。ナチスは気違いの集団であり、隊員は変質者の集団である、と考えて済ましてしまう。極端な場合①ドイツ人にはどこか我々と違うところがあるのではないか。と考えたりする。これはバカな考えである。人間があのような残酷なことはできない。と思いたがり、こういう考えに逃げこむ。あるいは日本人はこのようなことはしない。と信じたがる。しかし実際には彼らは狂っていたわけではないし、日本人も小規模ながら似たようなことを行っている。

第二の答えとして、「あの記録はにせものである。」と

いうものがある。ソ連軍が記録をいじった、あるいは大げさに言った。と考えようとする。これはネオ・ナチ党などの主張である。彼らは上のドイツ人に対する疑いに反発し、この考えに集まるのだろう。しかし、この考えほどおそろしいものはない。

第三の答えは、「人間は集団の中で追いつめられれば殺すこともある。」というものである。ユダヤ人やポーランド人を気の毒に思いながらも、周囲の人々と違った行動をとることをおそれて、あるいは「彼らはやはり何か悪い事をしたに違いない、悪い事をしないのに罰を受けるはずがない。」と思いたがる。そしてついに弱い者はほろび、強い者が生き残る、これが競争社会だと考える人間に変わろうとする。このような殺す側の心理を理解することは、人間の性は善であるという信念と矛盾しないか。

ところでこの展示会では、ビデオと本以外では、ナチスの残虐さばかりを強調している気がする。これでは、見学者は第二の考えからのがれるだけで、上の第一の考え（特に①＿＿＿＿）に逃げ込みやすいのではないか、と思った。なお、ビデオでは、ルドルフ・ヘスは狂っておったわけではなかったこと、監守たちも同様であったことを述べていたので良かった。

**（市内　二〇歳）**

最初はブキミさが先に立っていた。でも収容された人が、かわいそうに思った。戦争は人を狂わせるもの、と聞いたことがある人殺しを正当化している。アウシュヴィッツ収容所は、そういう狂った人たちのぎせい者だったのかなぁとつくづく痛感した。今自分が生まれて、平和でよかったと思うし、二度と、そういうことがなくなることを願う。

見た感想は、他のドイツ人はたくさんのユダヤ人を殺して神経は無事だったのでしょうか？という思いと、平和という文字をかみしめたくなった。さめた目で見ると、人が、悪い人間がそういう欲望を持ってるんだとも思った。

**（仙台市　二〇歳）**

食事時で、空腹であったこともすっかり忘れて見入ってしまった。仙台の実行委員の高内さんのていねいな説明つきで、深く心に刻みこみました。これもあれも同じ人間が犯したことなのだ、とあらためてショックを受けた。今からたった半世紀たらず前の紛れもない事実を、仙台でも多くの若い人たちに知らせていきたい。（高校に勤務してます。）

パネルの下にもっと詳しい解説があれば better だと思いました。

**（市内　二一歳）**

高校の時、ナチスについて、少しだけ学んだことあったが、その時は、あまり残酷なものだとは思わなかった。しかし、ここに来て残酷さが改めて私に伝わってきた。生々しい写真やビデオを見て、人間が人間を殺害するというとても今の平和な生活からは考えられないものを感じた。少年の骨と皮だけの姿を見ると、今の自分はなんてぜいたくなんだろうと思う。

**(市内　二一歳)**
・恐ろしい時代だったとつくづく思いました。
・人間として生きることの大切さを感じました。
**(市内　二一歳)**

日本も太平洋戦争当時、朝鮮人を労働者として日本につれてきて、ナチと同様の行為を行ったことを忘れてはならないと思った。今回のアウシュヴィッツ収容所のビデオなどみてもドイツ人の非人道的行為のみ表現されているが、我々日本人も非人道的な行為を何とも思わないで行い、原爆の問題など被害者意識のみを心に刻んでいるのは大きなまちがいだと思う。次回に朝鮮人に対する行為についても問題をとりあげることを望む。

**(市内　二二歳)**

今は平和だけど、明治・大正などの時代は、たいへんだったなぁと思った。

社会などで役だてたい。

**(北上市　二二歳)**

二度とあってはならないことであり、けっして忘れるべきものではないと思った。

又、人一人の力で何千、何万の人が殺せるのかと恐ろしくなった。

**(市内　二二歳)**

今年の夏、ポーランドのワルシャワ・ウーチへ旅行して来ましたが、コースの都合でアウシュヴィッツを訪ねることができなかったため、心残りでした。しかしこうして一部を見ることができたのは貴重な経験でした。

確かにこれらの出来事は、二度と繰り返すべきでないことは皆知っているはずですが、現代でもカンボジアや他の国でも同様のことがなされております。これらの解決策は単なる人間の英知の結集したものにもないように思えます。

ところで、展示の一つまたビデオの内容に不正確な点があるよう見受けられました。それは、収容者を識別する布の色に関してですが、紫色の三角の印は単なる聖職者の印と形付けるべきではありません。これは「聖書研究者」または「エホバの証人」を指しています。このグループは他の大部分の人々と異なり、良心的兵役拒否ならびにナチに対する協力を拒んだ、つまり自らそこに入ることを選んだ人々です。この点をはっきりさせるべきであると感じ書かせて頂きました。

**(市内　二三歳)**

戦争のおそろしさが、あわれでした。

弱い者が殺されるのは、今もあります。でも、殺し方がざんぎゃくでした。

**(北上市　二三歳)**

本や教科書でのヒトラーのざんこくさしか知らなかったが、今日この目で少しでも本当のすごさがわかったような気がする。一人でも多くの人がこういう機会にめぐりあえたらもう二度とこんなことはおこらないだろう。

**(和賀町　二三歳)**

第二次世界大戦太平洋戦争において大日本帝国日本国

軍が沖縄戦々でおこなった、日本人が同じ日本人を大量虐殺した事をこのアウシュヴィッツ展で思いおこした。それと同時に、このことは確かにぜったいやってはいけないゆるされない事だと確信しているが、同じ地球上の人間誰しもがもっている、人間の事を人間とも思わぬ非人道的感情ではないだろうか！ナチスドイツにしてもどの国の人々にしても、もし我々の立場が逆になったら、私自身もそういう事をやっていたのかも知れない。（宿縁《えん》もよおせばいかなるふるまいもすべし）やるかやらないかはその人間のもっている縁だと思う。昔から今でも全く変わりはない現代の宮崎事件もその通り!!

**（市内　二四歳）**

こういうことが昔おこっていたということは話などで聞いてはいたものの、遺品や写真など実物を見てみるとあらためて事の悲惨さを感じてしまいます。同じ人間がこんなことをしてきたと思うと悲しくなりますが、二度と同じ過ちをおかさないようたくさんの人にこの展示を見てほしいと痛切に願います。

**（東和町　二四歳）**

ただ残虐という印象だけしか持っていませんでしたが、その言葉の本当の意味を知った思いです。

ナチス、アウシュヴィッツの中には、人間を人間としてみていない、本当にこの人たちは私と同じ血の通う人間なのかと、体の中の血がひいていくような寒気がしました。絶対にありえないというようなことが、国家とか思想とか大きな流れによって現実に行われることは本当におそろしいことだと感じます。

**（北上市　二四歳）**

命をもった人間が、その尊さをすべて無視され物のように扱われて死んでいったということが、ショックでした。

**（東和町　二四歳）**

言葉にならない怒りと悲しみを感じた。ユダヤ人やポーランド人の苦しみ・悲しみが伝わってくる思いがした。この惨事を二度くりかえさないようにしなければと思う。最後にこの企画展をひとりでも多くの人が見て感じ忘れないでほしいものだと思う。

**（北上市　二四歳）**

あまりのむごさに、とっても見ていられなくなりそうでした。

**（盛岡市　二五歳）**

自分が今までに知り得た知識・想像以上に、人間の残酷さに恐怖するとともに、人間をそのような行動にさせるべき戦争は再びおこしてはならないと感じた。しかし、戦争ばかりではなく、人間が他に対する差別意識と集団心理こそがこのような残酷な行動をとらせるものでもあると感じる。現在の日本では戦争はまず起こらない状態ではあるが、この差別意識と集団心理による残酷な行動に関しては、かなり危険な状態であると思われる。

一人でも多くの人がこの事実を知ってほしい。

**（二戸郡　二五歳）**

・日本も中国で同様な事をしていたのを忘れてはならな

い。規模の大小は問題ではない。
・人間は恐ろしい。
・殺す側の論理が当時の体制（日本においても）通用していたのが怖い。
**（江刺市　二五歳）**

人間が人間に行う行為ではなかった。一人の思想によってこれほど多くの人がうごかされ、そして殺されるなんて考えられない。どうして人間の心をもった人が反対運動をおこさなかったのだろうか、うそのようだ。

これから生きていく限り、このような残虐なことをぜったいに起こさない様私たちが平和をいつまでもたもっていかなければ、とおもった。

**（市内　二六歳）**

残酷！

人間のすることではない。

恐ろしい。

**（江刺市　二六歳）**

人間が人間らしく生きてゆくには、自分もまわりの人間も強く正しいものを見きわめる力が必要で、その人間っていうのは小さくて間違いやすい存在。

生命っていうのは、生きていくってことは絶大なことだって信じたい。

**（市内　二六歳）**

戦争は、人間を、人間の心までもうばってしまう。

ヒトラーは、人間の心の弱につけいった。残酷な思いはどんな人の心の中にもくすぶっている。もう二度とヒトラーのような人間に政権をとらせてはいけない。

**（盛岡市　二六歳）**

世界が平和でありますように！

**（市内　二六歳）**

今では考えられないことです。昔、なんかで聞いたことがありましたがこんな真近でみるとなんとも悲惨で残酷なかんじをうけ、人を人と見てない人間がにくいと思います。

**（市内　二七歳）**

来て良かったと思ってます。一緒に連れてきた子どもは、まだ小さくてわけがわからない様子ですが、序々に教えていきたいと思います。

**（市内　二七歳）**

人類の歴史としては悲惨であるが、家畜に行っている事と本質的に変わりはない。人間のみの平和を唱える事は、第一義的に当然であるが、その考え方を進展させることを望む。

**（矢巾町　二七歳）**

NHK特集で見た以上に残忍なものです。二一世紀に向けて、子供達にはこのような体験（戦争）を絶対させたくありません。

**（水沢市　二七歳）**

戦争のキズ。

**（市内　二五歳）**

先日、法政大学の教授の講議を聞く機会があり、その時に西ドイツの前？の大統領の本を読み、ナチスのした事に非情に腹立たしかった。

さらに、この展を見て想像以上にひどいものであると感じた。人類に二度と戦争を起こしてはならないし、からめて、差別・同和問題もあってはならないと強く感じました。

**（東和町　二八歳）**

他の場所でやっているのを知って一度は見たいと思っていた。本や話で聞くよりも本当に遺品や写真を見たほうがリアルで真剣に戦争とか平和とか考えさせられる。たくさん、いろんな人に見せたい。

**（紫波町　二八歳）**

あまりにむごい事と思います。私には二人の子が居りますが、この子たちをそんな目にあわせたくありません。二度と再びこんな事が起こらないように、又、この事が忘れられることのないように祈り、私も自分にできる事をしたいと思います。

**（市内　二八歳）**

人間が人間でなくなる戦争のおそろしさ。

**（金ヶ崎町　二八歳）**

同じ人間が、自分達のために他の人間を人間として扱わない。そういう人間達の方が、形は人間であっても心はけものより劣る！人間ではない。中にはいやだと思いながらもそうせざるをえない人々もいたかもしれない。だが、それは悪と通じていることだ。弱い心だ。結局、悪を許していることも悪だ。そういう気持ち・心がこわい。

見に来ている方々が年輩者が多いので、もっと若い人達にも関心をもってもらいたい。知ろうとしないのは無責任です。

無念の死をとげた方々のめい福を深く祈ります。

**（胆沢町　二九歳）**

人間の狂気のすさまじさにゾッとした。加害者となったドイツ人の多くは普通の人々であったろうに、集団心理の故かこのような悲劇が生じてしまった。二度と繰り返してはならないし、東南アジアに同様の思想で侵略を行った当事国の一人として深く反省しなければならない。

**（水沢市　二九歳）**

ファシズムのおそろしさを再認識した。狂った思想の、ユダヤ人や他民族迫害と民族主義が、こんなにもすさまじいものだとは……。二度とあってはならないと思う。現在、「ネオ・ナチズム」が少しずつ増えているというが信じられないおそろしいことだ。絶対に反対だ。教科書で習ったことやその他の少しの知識しかなかったが、このナチスの犯した罰を、今回の展示でよく知ることができた。良かった。never more!

**（北上市　二九歳）**

人が人に出来うるあらゆる残酷な行為がここで行われた事に、あらためてショックを受けました。戦争という非人間的な行為を二度と私達はしてはいけないと強く心にきざみつけなくてはいけません。

**（胆沢町　二九歳）**

人が人としてみる目を忘れないようにしたいと思いま

す。

（一関市　二九歳）

この世の中でいちばん恐ろしいものだと思う。戦争を起こしたのも人間であり人間が自らの手で人間を殺してしまったのであるから、最後まで責任があるのは我々人間だと思う。二度と戦争やアウシュヴィッツでの起きたことはくりかえしてはならないと思う。

過去、戦争の歴史は、忘れてはいけないし、素直に事実を伝えていかなければいけないと思う。

（市内　二九歳）

何とも言葉にあらわせないかなしみと怒りが込み上げてくるようだ。一体、何故こんなことをするのか、とにかく二度とこんなことがあってはならないし、戦争は人間を失わせてしまうものであり世界の恒久平和を望むとともに、私達一人一人がその責任を果さなければならない。

（市内　二九歳）

同じ人間同志なのに、こんな恐ろしい事が出来るなんて……。戦争の恐ろしさを痛感しました。亡くなった人達は、どんなに苦しいつらい思いをしたかと思うと胸がしめつけられるようです。

見に来て、とてもよかったと思いました。

（遠野市　二九歳）

・戦争と化学薬品のおそろしさ。

・ナチズムの思想の中においては、人間価値が全くない。

（市内　二九歳）

・五歳になる子供と見に来たが、野ざらしの死体の写真、切り取られた女性のかみの毛など、子供にとっては刺激が強すぎるのではないかと思った。

・過去に起こった写真と、現在や今後の事についての展示品があってもいいのではないかと思った。

（市内　二九歳）

・戦争というものは人の心をも変えてしまうもの。

・この様な事は二度とおこしてはいけないと思う。

・見ていて悲しくなってきましたが、見てよかったと思います。

## 三十代

見たくないと思いましたが
見なければならないと思い来ました。
考えていたよりもあまりのひどさに
おどろきました。
人間がこのような事ができるというのか
不思議でなりません。
泣くのをこらえるのがやっとでした。

**（市内　三〇歳）**

子供を二人連れてきましたが、やっぱり「怖いから早く帰ろうよ…」「こわいよ、きもち悪いよ！」と言われました。何の為にこんな事がおこったのか、同じ人間としてかなしく思いました。いつまでも、いつまでも、平和な世が続く事を祈ります。そして、どんな事があってもかわいい子供たちは、私たちみんなの手で守らなければならないと深く考えました。

**（北上市　三〇歳）**

人間の狂気のこわさ（戦争という状況の中での）こんなおそろしいことが二度と起こらないように全世界の人間が心を合わせることが必要だと思う。

**（大迫　三〇歳）**

現代の地獄をみているようで恐ろしい。人間が人間としての行動とは思えない。恒久平和へ、地球全体として人間らしい清らかな心で築いていけるようにしたいものだ。

**（東京都　三〇歳）**

世の中はさまざまな事がおきますが、戦争だけはあってはいけません。

**（市内　三〇歳）**

以前からアウシュヴィッツのことは、いろいろ雑誌などで知ってはいたが、いざ品物や写真を見てみると人間のやることとは思えず、子供に説明するにもできない状態です。

特に子供の物を見ると胸がつまる思いです。母親として子供を守りたくても守ることができなかったことを思うと、悲しく、二度とこのような事はやってはいけない、してはいけないと思います。

**（紫波町　三〇歳）**

怒りと悲しみで胸があつくなりました。こんな残虐なことがあっていいのだろうか…実際行われていたのだから本当に強い怒りを感じる。人間がひきおこした戦争で人間自身がうばわれているのだから…赤ちゃんまでも殺してしまうそんなことがあっていいのでしょうか。

**（市内　三〇歳）**

今の時代、とてもかんがえられない事だと思いました。しかし、これはじじつで本当にあった事だと記録写真で強く感じました。人間が人間をころすという事…！でもこれから時代が変わりまたこのような事があるかもしれない。

**（市内　三〇歳）**

五歳になる子供をいっしょにつれてきました。「何が何だかわからない」と言われちょっとだけ説明してやったのですが、首をかしげるだけ。親である私もよく分からないのですから、とうぜんだとは思いました。しかし、同じ人間が人間を殺すのですから、何とも心が痛みます。

**（市内　三〇歳）**

私は平和な今の世の中しか知りません。こんな残コク物語があったなど全く想像しませんでした。

写真を見ればハキケも感じてしまいました。このことは私の心のかたすみにいつまでも残ると思います。

**（市内　三一歳）**

自分の子供たちがこのような事に合わない様にと思いました。

**（市内　三一歳）**

〝絶対、許されない事〟これしかありません。何度もこのアウシュヴィッツのことは本で見たり、テレビで見ましたが、胸にささり、二度とくり返してはならぬ！と思います。これ程の残虐な行為を世界はどうして阻止できなかったのでしょうか？

戦争はすべての人間の心を狂わせてしまう恐ろしい力を持っていると、改めて感じざるを得ません。

**（市内　三一歳）**

ナチスはひどいことをやった。現在の平和を私たちが、力を合わせ、守っていかなければならない。For ever！

**（一関市　三一歳）**

もうこの様な出来事は二度とあってほしくない。同じ人間がした事とは思えない激しい〝いかり〟とショックです！

**（市内　三一歳）**　命の大切さ

**（市内　三一歳）**

同じ人間のやる事だとは思えませんね。命の大切さを再認識し、再びこのようなことを繰り返さないようにしなければならないと強く感じました。

**（市内　三一歳）**

実際にこのような事が行われていたのかと思うとこういう事は二度とくり返してはいけないと思う。子供たちにたくさん見てもらい、語りつがれていくべき歴史だと感じました。

**（市内　三一歳）**

戦争のおそろしさを、展示品を見てわかった。平和なうちに皆で、再びあってはならないということを子供達や知らない人に教えてあげることがこれからの課題のように思った。

**（江刺市　三一歳）**

過去にアウシュヴィッツ収容所の事は話や、本で聞いていたことがあったが、今日あらためてその残酷さに身震いがした。単なる歴史の事実ということだけでなく命の尊さ、世界の平和、愛について考えさせられ教えられるものであるから、くりかえし、くりかえし、多くの人達にそして子供たちに（未来をになう）是非伝えていかなければならないと強く思った。

**（市内　三二歳）**

大変ひさんな様子を見せつけられた。

しかし、外国のものだけでなく、日本も他の民族に対して人間の行動と思われぬことをたくさんやってきた。朝鮮や韓国人に対してアウシュヴィッツと同じような七・三、一部隊（石井部隊）等のことを忘れてはならないと思う。まず、自国のことを反省しなければ…。とにかく、戦争はくり返してはならぬもの。そしてそれは人の心の中にひそむものであると思う。心の平和を！

**（市内　三二歳）**

戦争で日本も負けましたが、ドイツは残酷で日本は、幸せだったと思います。

**（市内　三二歳）**

大変なことをしたものだと思います。

戦争は、人の心をくるわしてしまいます。自分も、自分の子供も、戦争を知りません。二度とこのようなことがあってはならないと思います。

**（市内　三二歳）**

ドイツ軍だけが、この様な事をした訳でなく、日本人も、かつて中国で、同じ様な事をしたし、又、広島・長崎に原子ばくだんを落とされ、合い互いに加害者、被害者であった訳で、私は、やはり〝戦争〟が一番いけない事だと考えます。今平和な世の中に生まれた事に、感謝しなければならないと思います。

**（北上市　三二歳）**

東北でもめったにない機会と知り、子ども三人をつれてきました。この不気味さ、かわいそう、という気持ちが、すぐには、戦争とは、平和とは、死、生とは何かを考えることにはむすびつくまいとは思います。が、事実あったことを、忘れさせないためにも見せてよかったと思います。

**（北上市　三二歳）**

子供のころからアウシュヴィッツにきょう味をもっていました。一度自分の目でたしかめたいと思っていましたので本当によかったと思います。ドイツ人ばかりではなく日本人にもある自己中心的な考えは直さなくてはいけないと思った。囚人たちがそれをおしえてくれたと思う。

**（市内　三二歳）**

同じ人間なのにどうしてこんなにまでされなければいけなかったかと思いました。私にも小さい子供がいますが、くつとかかみの毛とかいろいろな写真をみてとてもかわいそうにおもえました。本当だったらまだまだ生きたかったでしょうにと思いました。

**（市内　三二歳）**

この実体を世界に知らせるべきである。

**（市内　三二歳）**

実態に初めて、触れ、新たな思いを起こさせる。（知識としてしか無かった。）

**（市内　三二歳）**

収容所の冷酷無残な強制労働や殺人は地獄そのものだと思いました。真実の平和は人々のすべての願いだと思います。

**（北上市　三三歳）**

アウシュヴィッツ―南京事件―沖縄―原爆―水俣病―現代に継がるこれら病巣について、常に考え、声を上げなくては、又、この様な悲劇は繰り返し行われるでしょう。展示等大変貴重な品に感動しました。戦争を考える。現在を考える機会を又ぜひ企画・協力したい。

**（北上市　三三歳）**

戦争という狂気の中にあっても尚、人間という心を失わないでいた人々の強さ、又狂気というものに、何の疑いも持たずに落ちていく、心の不安定さ、不確かさに非常な思いがあります。

**（盛岡市　三三歳）**

平和ということの意味をあらためて考えさせられました。

**（紫波郡　三三歳）**

二度と戦争を起こしてはならないとあらたに感じます。子供が大きくなるにつれてこの子に戦争でのつらさをあじあわせてはならないとひしひしと感じています。広島、長崎を始め色々な形で殺されていく人々、でも、それらはある程度武器によってですがナチスの収容所でのことは全く人間の手でという気がしてなりません。年と共に忘れ去られないよう常に心がけて戦いのない、人間どうしがすべての生ける者が仲良くくらせればと―

**（市内　三三歳）**

だいぶ前にも、ナチスに関するものを見た事がありますが今回は、子供三人（八歳～四歳）と一緒に見にきました。胸があつくなって、何もいえませんが、「二度とこんなことがあってはならない」そう思います。

**（金ヶ崎町　三三歳）**

親から戦争の体験談を聞いて育ちましたが死と直面した事はなく、幸いだったと思います。ナチズムではなくとも、第三次大戦を懸念しなくてはならない。今日、今度は私が子供たちに戦争の恐ろしさを実感して欲しく連れてきました。幾らかでも心に残っていればと思います。

（市内　三三歳）

人間のしたこととは信じられません。何の罰もない人々が次々に殺されて行った過程には腹立たしさもこみあげました。二度と決してこの様な事はさせない、してもらいたくないという思いで一杯です。

（市内　三三歳）
◎何もしていないのに殺されてかわいそうだ。
◎どうして死んだの？どうやって髪の毛とったの？と四歳の息子の質問。戦争というものがあって、それによっておきたことと話しても、まだわかりませんがこのような残こくな事が、本当にあったことを母子で目にすることができ、さもすれば、目をそらしてしまう部分のところでもあるだけに心に残ることはたくさんありました。
◎「ぼく、この時生まれてなくて良かった」と言い、写真に見いっていた息子。親であれば誰でも子どもを死なせたくない、その思いがあっても何もできなかった、アウシュヴィッツの人々。本当に今、子ども達をそのような目に合わせず育てられること、幸せに思います。
（北上市　三三歳）

今まで何度かテレビを通じて見ていたので多少の知識はあったのですが、遺品類を目の当たりにすると、何とも言葉にならない思いです。二度と繰り返してはならない。ただそれだけです。

（市内　三三歳）

以前、東ドイツで見た事がありますが、再びこのような機会が花巻であったのは、多少おどろいています。もっと多くの機会と多くの時間を使って行われてほしいと思います。また、外国での事ばかりでなく、国内で行った事（旧日本陸軍七三一部隊等…）についても、いろいろとむずかしい事もあるのでしょうか。記録等があれば合わせて行ってほしいところです。最後に、活動、御苦労さまです。これからもがんばって下さい。

（市内　三三歳）

話には聞いた事がありましたが、実際の所信じられませんでした。今回はいい機会だと思いやってきました。物がほうふなこの現在に、ハブラシやくつまで、とりあげられ死をまつだけの人生、鉄線で死ぬか、いずれにせよ、死のみ残された人生、本当に悲しいというより、胸の中がムカツイてしまいました。写真を見ながら、実際、子どもたちにどのように説明してあげたらいいのか、どまどってしまいました。

（市内　三四歳）

戦争の体験のない私は、これほど悲惨な非人道的なことがかつて行われた、という事実にとても驚いた。と同時に、今の幸福な生活がこのまま続くようにと祈る気持ちでいっぱいです。そのためにもいろいろな機会に、平和教育があちこちで行われなければならないと思います。と同時に「アウシュヴィッツ展」を開催するにあたりご尽力された大谷幼稚園園長先生をはじめ関係者の方々に感謝を申し上げます。

（市内　三四歳）

二度とこのような世界にならぬよう願う次第です。

（市内　三四歳）　一言。悲惨！

（市内　三四歳）

考えていた以上の悲惨におどろきました。話を聞く以上に、パネル、写真、現物は大きなショックでした。子供たち（四。六。八歳）も幼いながら熱心でした。一つ一つ私に写真の内容パネルの文字の説明を求めました。一つ園での先生のお話しが頭に残っていたらしく、私に説明してくれる場合もありました。

（石鳥谷町　三四歳）

もっと沢山の人達に見てもらうべきです。悲しいです。

（紫波町　三四歳）

戦争によって人間が動物よりおとってしまう恐ろしさを知った。戦争は二度と起こってほしくないと思う。

（北上市　三四歳）

一つ一つ見ているうちに、涙がだんだんと出てきました。こんな無残なことがあったということは、話では聞いていたが、実際にこの目で見て大きなショックを受けました。自分の子供（小学一年と三歳）にも、是非、見せておかなければと思い連れてきましたが、本当にわかってくれたかどうかはべつとして、それなりに何かを感じとってくれたようです。三歳の子は「こわい」の連発でした。

（市内　三四歳）

人間が、これほど残虐になれるものかという、記録がここにあるということを感じさせられた。しかし、現代にも、形こそ違っているが、そういう残虐行為は絶えず行われているとも思う。

（市内　三四歳）

ビデオを見たり、遺品、記録写真を見ているうちに胸の中が熱くなってきました。どういうふうに言葉に表していいのかわかりません。人間が人間でなくなる、恐ろしいことです。今の生活を考えると…

（東和町　三四歳）

高校生の姪といっしょに来ました。

ほんの五〇年に満たないうちにこんな残酷な事実があったことをこれからの人たちに知っておいてほしいと思ったからです。現代の教育は何かまちがっている。進学のための勉強で、歴史も一般教養も二の次。テストのための学生生活にギモンを持とうともしない。彼女たちをみると教育のおそろしさと、大切さを実感させられます。もっと世界の事実を知ってほしいと思いました。

（市内　三四歳）　非常にかわいそうです。

（市内　三四歳）

ずいぶんひどいことをしたのだと思いました。このようなことはなされてはいけないことと思います。

（市内　三四歳）

無知であることより、平和を見失った。一九〇〇年代初頭の人をかわいそうにおもう反面現代人のふがいなさを感じる。

（市内　三五歳）

今、日本が同じことか、もしくは歴史的にみてそれ以上のことを、熱帯雨林や六か所村や豊沢の奥で実際にやっています。忘れずにいつも心にとどめておかなければなりませんね。

**（市内　三五歳）**

悲しくて、言葉になりません。子供が一二〇cmの棒を背のびしてつくったということをみて、かわいい子供らを思うと涙がこぼれました。このような戦争をおこさないために、平和をつくってゆくために、教育があるのだと、子供らが勉強するのだと教えられた。

**（紫波町　三五歳）**

八〇歳になるおばあちゃんをつれてきましたが、あまりのひどさに、具合が悪くなったといっていました。

戦争を体験した人でさえ、そう感じるのですから、戦争を知らない私はただ、ただ悲惨さを感じ、人間のおそろしさ、そのものを強く思いました。

**（市内　三五歳）**

化学は、こんな事に使うべきでない。人はおそろしい。

**（市内　三五歳）**

戦争反対ですね。絶対なくしたいですね。

**（市内　三五歳）**

収容された人々、それにたずさわった兵士、共に悲しい出来事だと思います。まちがった方向に進まないよう…。子孫たちは、幸せに暮らせるように…。私達は、戦争のない地球にしなければと思います。

人が人を殺すおそろしい事は、もうこれきりでおわってほしい。家族全員できました。戦争体験のあるものない世代いろいろ考えたことと思います。

**（前沢町　三五歳）**

見たくないと思いましたが、見なければならないと思い来ました。考えていたよりもあまりのひどさにおどろきました。人間がこのようなことができるというのが不思議でなりません。泣くのをこらえるのがやっとです。

**（胆沢町　三五歳）**

前にもNHKで放送されたのを機に、本当にあったことなのかと疑問に思ってた。それが現実だったと知った時は、ショックだった。同じ人間でありながら、ただ殺されるなんて…。日本にも七三一部隊といって、中国で人体実験を行ったことがある。日本人として、アウシュヴィッツは、罪の償いを反省することがあると思う。ただうれしかったのは、収容所の中にも「支え」があり、「信仰《しんこう》」をもった事が救いだった。

**（市内　三五歳）**　戦争を憎みます。

**（市内　三五歳）**

先に立つ人間一人のために多くの犠牲者を出した。周囲の人間は何も感じなかったのだろうか。

**（市内　三五歳）**

人間が人間としてすごしてこれなかった様な気がします。

**（市内　三五歳）**

ゾーッとしました。あまり見たくないとも思いました。しかし、これからずっと子供達に教えていかなければいけない事だと思いました。

（市内　三五歳）

ほんとうに二度と戦争をくり返していけないと痛切に思わないわけにはいきません。

（市内　三六歳）

教科書で習ったことより現実的に経験できました。五〇年近く前のことですが、この事件を正しくより多くの人に訴えつづけることが二度とこうした事、戦争を防ぐことになると思う。人ごととは思えず、また遠いこととは思えない体験をしました。

（盛岡市　三六歳）

今迄新聞等で見ていたが実際に展示を見たのは初めてだが、まさに地獄であり、今の日本からは考えられない事である。だが真実であり、取り返しのできない不幸で、二度と許されない事である。

（石鳥谷　三六歳）

正視できないような写真、気持ちの悪くなるようなショッキングな記録ばかりでした。私たちは戦争を知らないけれども戦争の悲惨さは知っているつもりでいました。しかし、ここまで徹底した人間性をすべて否定したことが行われていたということは、改めてショックです。しかし、今日は見て良かったと思っています。私は長男（七歳）をつれてきましたが、彼の心の中にもなんらかの形できっと今日のことは残っていくでしょう。過去の狂気の出来事としてただとらえるのではなく、未来の二度としてはならない道標として胸にきざんでいきたいと思います。ほんとうに意義のあることとでした。

（市内　三六歳）

現に見てもまだ本当にこんなことが行われてたなんて、信じられません。父や母から戦争のひさんさは聞かされておりますが、今子供を持つ母として、自分の子供達にはこんな目に絶対あわせたくないし、またあってはなりません。小学二年になる子供に遺品や写真の解説文をよんであげているうちに、涙がでてきて声がつまってしまいました。戦争を知らない世代ですけど二度と戦争があってはならないと思いました。

（市内　三六歳）

いままでにも何度も見聞きはしていましたが、やはり思うことは同じ、絶対にこのような残虐な行為はあってはならないし、私達、そしてこれから大人になろうとしている子ども達にさせてはいけないと思います。人間が人間らしく生きていくことの大切さをしみじみ感じさせられました。

（北上市　三六歳）

早乙女勝元さんが書かれている絵本（題は忘れたのですが）にもアウシュヴィッツのことが書かれていて涙を流しながら読みました。この会場に展示されているトイレのことや器はどう使われたのかくわしくあったので、再びその絵本も思いだし戦争はあってはならない事と感じます。今、日本にはいないけどニュースなどで世界の中でも戦争の犠牲になるのは女、子どもなのです。

（東和町　三六歳）

こんなことが二度とおこらぬよう、人間らしい生活が出来るよう、みんなで努力しなければならない。

**（市内　三六歳）**

戦争のむごさ、人間に及ぼす影響（正常な人間が戦争という名目の下で人殺しをしなければならない）

**（市内　三六歳）**

一部の指導者のため、人間を人間とも思わないのは何か。戦争のためだけなのか、不思議でならない。

**（市内　三六歳）**

平和な時代に生きられることを感謝します。

**（北上市　三七歳）**

写真や遺品、フィルムを見て、今恵まれた環境の中で育つ子どもたちが、その豊かさに満足せず、さらに欲求を重ねている実態を見るにつけ、この平和がいつまでも続くように、恵まれた自分達が何をしなければならないかを考えて行動してほしいものだと思う。

**（市内　三七歳）**

数年前にNHKのテレビを見た時、こんなことがあったのだろうかと信じられない気持ちでした。今日改めて、展示品を見ても同じ思いです。人間って、すばらしいけれど、おそろしくもありました。

**（市内　三七歳）**

人間の力の強さと弱さを感じました。

**（市内　三七歳）**

前に、映画・本では見たり読んだりしてましたが、実物を見るのは初めてでした。一人で見に来ましたが、（ほんとは、「子供には見せたくない」と思ってます。でも、アンネの日記コルベ神父のことを書いた本は読ませました。あまりにも生々しく、背すじがぞくっとしました。日本も戦争体験があるのですから、よく理解してほしいと思います。まず幼児に人を思いやる心を植えつけなければなりません。そのために、親は前向きに生きている所を見せなくてはなりません。

**（市内　三七歳）**

同じ人間が戦争によって、このようにも、ざんぎゃくになれるものなのかと驚き、恐ろしくなりました。このアウシュヴィッツ展をきに、子供達の心に平和を願い愛する心が少しでも芽ばえることを祈っております。

**（遠野市　三七歳）**

・戦争の人間としてのみにくさ
・理性のないキチガイ

**（市内　三七歳）**

非人道的であり、多くの人々に戦争という悲しい思いをさせないように又、二度とおこしてはならない。

**（北上市　三七歳）**

何も知らなかったので大変おどろいた。

**（江釣子村　三七歳）**

戦りつを覚えた。今の時代に生きたことを幸せに思い、子供達には、機会あるごとに〝アウシュヴィッツ〟の持つ意味を考えてもらいたいと思った。こんなことは二度とあってはならない。

**（市内　三七歳）**

今の時代では、とても考えられないようなことがおこなわれた。本当のことであるとは思ってもとても信じられないです。戦争はぜったい反対です。平和すぎてもだめであるがやはり人ときずつけ合うことがいけない、そういうことがあってはいけないと思う。

**（都南村　三七歳）**

心が寒くなる思いでした。戦争は人の心をまひさせます。絶対にゆるしてはいけません。

**（市内　三七歳）**

ナチスドイツのことではなく、日本でも実在したこと。戦争のおろかさ、むなしさを世界の人々が理解し、地球の平和を願います。

**（市内　三八歳）**

大変おそろしいことと思いました。

**（市内　三八歳）**

この様なことは、これからは絶対おこらない様にしなければならないと思う。

**（市内　三八歳）**

本では読んでアウッシュヴィッツについては知っていたが、豊富な写真と遺品によりやはり本物のアウシュヴィッツを知った。私は教員ですが、学校で「平和」と言っただけで「赤」と思われ、またそういうふんい気が花巻にはあります。この封建的な花巻で、このような企画がなされ多数の参加者があったということは意義深いものだと思います。それにしてもすばらしいことに対して教育委員会が後援しないのはなぜでしょう。

**（市内　三八歳）**

二度とこのようなことがおこらないようになってほしい。とてもよい勉強になりました。

**（宮守村　三八歳）**

人間を人間とも思われないような数々のやり方で人を簡単に殺してしまう、今の若者にも少しはこういう気持ちが見られるようですね。

**（市内　三八歳）**

戦争とは人類の終わりかも？

**（石鳥谷町　三八歳）**

ＶＴＲにより映像がわかりやすかった。人間の二面生がよくわかった。今でも世界には第二のアウシュヴィッツが存在している。

**（北上市　三八歳）**

二度と戦争をおこしてはならない。

**（和賀町　三八歳）**

まさに地ごくとしかいえない。子供から妊婦までぎゃく殺して行った事、人間のすることではない。二度とこの様な事実は出すべきでないし、戦争がまねいたこの事実を決して我々の子孫にも、正しく伝えて行くべきだ。

**（市内　三八歳）**

前に強制収容所についての本「夜と霧」を読んで何枚かの写真を見たことがありましたが、この様な量の写真や遺品、映像を見ると改めて恐怖心が呼び起こされる。

**（市内　三八歳）**

どうしてこういうことになったのか？

（市内　三九歳）

人間が人間のあつかいをされていない。

（石鳥谷町　三九歳）　かわいそうだった。

（市内　三九歳）　平和の尊さを実感した。

（石鳥谷町　三九歳）

二年ほど前に盛岡で絵画展を見ましたがさらに今回は生々しく、この恐ろしさを多くの人に知ってほしいと思いました。こういう運動は続けていかなければ、ならないですね。御住職の使命……私達も頑張ります。

（市内　三九歳）

ナチスに虐殺されたのはユダヤ人だけと思っていました。なぜ、子供達や老人まで殺さなくてはいけなかったのでしょう。戦争によって人間は鬼になれるのでしょうか。今、平和な日本をこれからの子供達に戦争の事を伝え、語っていきたい。

（市内　三九歳）

とても悲しくとても私などの考える事の出来ない悪夢の様な…。今のこの時、日本のこの豊かな生活をしている幸福をかみしめなければ。こんな事は子供達に経験してほしくない。

（市内　三九歳）

二度とおこらないようにしましょう。

（市内　三九歳）

学生時代に「夜と霧」という本で収容所の事を知りました。いつかは子供達に…と思っていました。「アンネの日記」も読み人間が人間に対する残ギャクさを知り人間の心の深さのみにくさを感じてました。日本も大陸で同じようなことをしてきた事もドイツの人達だけでなく私達日本人として責任を感じなくてはと思います。子供達にも伝えたいと思っています。

（盛岡市　三九歳）

民主主義を育み守ってゆくことの大切さを感じ、一方で人間の心の奥にひそむ、残虐さに恐ろしさを覚えました。

（市内　三九歳）

天国も地獄も人間がつくるものだなぁと思いながら見ました。生まれての人生もない子供（一二〇㎝↓）達まで殺し日本だけでなく、悲しいヨーロッパの歴史を痛感しました。現在、自国の主張だけ（利己主義）している様な我国の政治家（飛躍しすぎたかな）を恨みたくなります。（少なくとも今政治を握っている方たちは、戦争体験者であると思うのに）そういった意味でも、子供たちを同伴して、出てきました。企画を花巻に組んで下さった皆様へお礼申し上げます。ごくろう様でした。

（市内　三九歳）

うまく書けないが、これほどとは思わなかった。当分忘れないだろう。

（市内　三九歳）　戦争は人を変える。

（市内　三九歳）

えらい人間は戦争を起こしやすいことに戦争をおこしたら、最大のギセイは普通の人だということ。

人間が人間に対してかくも、ひどい行為ができるのであろうか。信じることができないが、これが事実である。

**（市内　三九歳）**

## 四十代

子供二人を一緒に見ました
何を感じたのでしょう
「どうしてやせ細ってるの?」
「どうして殺されるの」等…たくさんの質問
を受けました

40才

**(千厩町　四〇歳)**

戦争は人間をこうまで変えるのか?


**(市内　四〇歳)**

戦争のこわさ……何ともいえない気持ちです。


**(市内　四〇歳)**

ユダヤ人虐殺のことは知っていたが、その背景について、ビデオにより知識を新たにした。


**(市内　四〇歳)**

子供二人と一緒に見ました。何を感じたのでしょう。「どうしてやせ細っているの?」「どうして殺されるの」等、たくさの質問を受けました。


**(市内　四〇歳)**

家族で見に来ました。子供達にぜひ見せたいと思いました。子供達がどんな気持ちで見ていたかまだ分かりませんが、家に帰って今夜ゆっくり話をしてみたいと思っています。こんなことが同じ人間が考えたと思うと、とても悲しくなります。


**(紫波町　四〇歳)**

当時のドイツ国民の不満を、ユダヤ人狩りに向けたという歴史の流れの利用を、現代の日本でも、為政者が、若者の目を、単に、物質的な豊かさと、享楽的文化に向けさせることで、真実を追及していく流れに逆らうようしむけてる。だまされる中産階級が恐ろしい。


**(市内　四〇歳)**

いままで、雑誌や映画などで見たり聞いたりしていたが生の写真を見て今まで以上に、戦争のおそろしさ、ひさんさを感じた。

**（市内　四〇歳）**

劣等民族を抹殺するという恐ろしい思想が実行に移されたなんて、本当に身震いしました。日本に落とされた原爆も悲惨ですが、人殺し工場が建設され、そのぎせいになった人々を思うと、怒りがこみ上げてきます。二度と、こんな戦争が起こらないことを祈らずにいられません。

**（市内　四〇歳）**

以前テレビで、生存者が自分の息子と共にアウシュヴィッツを訪れ、当時のことを生々しく語る番組を見て、その残酷さに、ショックを受けました。そして、今回、実際に遺品や写真を見、何とも言えない気持ちです。この様な事は、つい目をそらし知らないほうが楽ですが、現実にあった事として、しっかり見つめ二度とこんな悲しい事が起きない様に、祈る気持ちでいっぱいです。

**（東和町　四〇歳）**

だいぶ以前に東京でアウシュヴィッツ展を見たことがありました。改めて想い出した感じが致します。これが同じ人間のする行為かと思うと…。この世で一番恐ろしいのは人間ですね。家族（五人）全員でみせていただきましたので今晩、子供たちからの感想も聞いてみたいと思います。企画なされた皆さま方ごくろうさまでした。

**（水沢市　四〇歳）**

このようなことは二度とあってはならない。又させてはならない事だと思います。なくなられた方々のごめいふくを祈ります。（広島の原爆の遺品を見たことがありますが、それ以上におそろしいと思います。世界中の子供達に見せて、戦争のおそろしさをしっかりと感じてもらいたいと思いました。）

**（市内　四一歳）**

二度とこの様な戦争は起こしてはいけないと思うし、人が人を制するのは、いけない事だと思います。

**（石鳥谷町　四一歳）**

ひどい！どれ程悔しい思いをしたのだろう、想像を絶する。子供に読んだり、説明したりするのだが、涙ぐみ言葉につまる程だった。恐い！という子供に、次の世代をになうんだから、もう決してこんなことをしてはいけないと、真正面からしっかり見せた。以前に上京した際見すごしてしまっていたので迷わず見せていただいた。すばらしい企画をありがとうございました。

**（北上市　四一歳）**

人間の支配は平和をつくりだすことは、不可と思います。より高い導きは確かに必要です。この企画に感謝します。

**（市内　四一歳）**

日本が平和な国であることや、人間が戦争によって人間らしさが失われていく恐ろしさが遺品等を見て感じられた。

**（市内　四二歳）**

戦争を二度としてはいけないとつくづく思った。平和のありがたさ。アウシュヴィッツ展を開催して下さって本当にありがとうございます。

**（雫石町　四二歳）**

コルベ神父様の伝記を読みましたが、実際に遺品を目の前にし、戦争はこうも人間を狂わすものかと、地獄を見る思いです。そして収容所ばかりでなくこの様にして犠牲者となった人々の為にも絶対に戦争をしてはならないと子孫に語りつづけていかなければならないとおもいます。

**（市内　四二歳）**

ただ想像を絶する物ばかり、平和な世界を望む一語につきました。

**（和賀郡　四二歳）**

過去の出来事としてだけ考えることはできない。人間（戦争と関係なかった世代も含め）が常に背負っている影の部分を見たような気がする。

**（東和町　四二歳）**

人間ってなんて恐ろしい存在なのか。良い面と悪い面と同時にもち合わせた生物だとつくづく感じた。国際交流とか盛んになっている、反戦運動も盛ん。基本的にはみな同じ人間なのだ。尊い生命は一つしかないことを、考えさせる手立ての一つとして小学生の娘をつれてじっくり見せていただきました。できるならもっとみんなにも知らせたかったと思った。

**（盛岡市　四二歳）**

今までのほんの少ししか知らなかった事が写真又は展示品でくわしく知り、心がいたみました。「戦争」それはどんなものか？三人の子供（家の子）たちにもよく話して聞かせなければと思います。

**（久慈市　四二歳）**

ただ一言、涙を禁じ得ませんでした。人間が人間をこんなひどい目にあわせるなんてあまりにも残酷過ぎてとても信じられない事実です。動物以下の扱いを受け、この世から葬り去られた人達。なんの罪もないこの人達の気持ちを考えた時、とてもやり切れない胸の痛みを感じます。どんなに辛く、苦しくどんな思いで死の刑に立ち向かったのでしょう。殺されるとも知らずに毒ガス室へ向かって歩いている子供達やご婦人達の写真が目に焼きついています。この写真や子供達の小さな靴の前では涙が流れて止まりませんでした。こんな悲惨なでき事、二度と起きてはなりません。戦争絶対あってはいけません。全世界の平和を祈るだけです。

**（市内　四二歳）**

アウシュヴィッツ関係のものは今まで映像や写真、活字では目にしていたが、それらのものを実物（遺品）で目にすることができたことは非常に良い機会であった。

**（市内　四二歳）**

こんなにも戦争は人間をきちがいにするものかと戦争のおそろしさにみぶるいしました。私達はこの事を忘れてはいけないと思いました。日本人がおおぜい中国人をぎゃく殺した事と共に。

**（市内　四二歳）**

見ているうちに悲しみを感じ涙が出そうになりました。

この様な事が現実に行われた事。戦争のみにくさ。平和への喜びをつくづく感じた思いです。

**（市内　四二歳）**

ナチスドイツの残こくさがこれほどひどかったとは思わなかった。

**（市内　四二歳）**

アンネの日記でユダヤ人がヒットラーによってぎゃくさつされた事は知っていたけれどこれほどひどいものとは思っていませんでした。二度とこういう事はおこってほしくない。本当に見て良かった。

**（市内　四三歳）**

想像以上にひどい。二度とこのようなことはくりかえしてはならない。

**（北上市　四三歳）**

以前にも何度か、テレビや本の中でアウシュヴィッツの事を知りましたが、今日はまた新たに平和と言うものを考えさせられました。殺されてもことごとくいろいろな物に利用され言葉では言い表せないいきどおりを感じます。小学生の子供らを連れて来ましたが、今一つというところですが、少しは考えられるようになってくれたと思います。この様な企画をもって下さりありがとうございました。

**（北上市　四三歳）**

終戦後に生まれたものにとっては、目の前の物が本当に有った事と信じられない気持ちでいっぱいです。よく写真が保管されて有り、公に展示できたものと関心しました。人も沢山見て成功したように見えます。現在の幸福は、昔の人々の土台の上に有り、二度と、戦争のないよう現代人は、心して生活をしなければとつくづく思いました。

**（盛岡市　四三歳）**

百聞は一見にしかず。

現実に見ても信じられない事があったと思った。

**（市内　四三歳）**

写真だけでなく、現場のものがあってよかった。

**（市内　四四歳）**

戦争はどこの国のことでも悲さんだと思う。

**（市内　四四歳）**

展示会場が勤務先のそばなので十曜日の昼休みに行ってみた。パネルを読みながら見ていると時間になってしまい残念だったけど明日もう一度子供つれて見に来ようと思い会場を出た。ナチスといえば二〇数年前高校の頃、ワルソーゲッツーという記録映画を見たことがあり、あまりのむごたらしさに気持ちが悪くなった思い出がある。原爆を落とされた広島や長崎の悲惨さと共に、ナチスの行った悪夢のような行為は、平和な時代に暮らす人々も常に思い出す必要があると思う。そして戦争のおそろしさを実感できない子供達にもさまざまな機会に話して聞かせねばと思う。この展示会は東北で三カ所だけ開催とのこと。幸いにして見学できた私は大変ためになったが、もっともっと多くの人々に見てもらいたい気持ちである。翌日（今日）は仕事のため子供を連れてくることが出来ず残念だった。

**（遠野市　四四歳）**

中一の長男と、見たが、家へ帰ってからゆっくりと話し合いたい。次男（小四）と妻が、風邪のため、来れなかった事を残念に思います。いつか、又の機会を待っています。尚、先の一五年戦争で、日本軍が行った野ばんな行為は、ヒトラーに勝るとも劣らないものがあろう。次代の子供達に真実を伝える事は、我々親の責任ではないでしょうか。この様な活動に私も参加してみたいと思います。大変な努力、御苦労様です。ＴＶコーナーがもう一台あると良いと思います。

**（市内　四五歳）**

過日の米ソ首脳会談後のこれからの日本の立場やたまたま数週間前に安保闘争年代のニュースを見た後で「平和」とは？と考えさせられていた矢先の展示見学でしたので、大変ショックでした。人間が人間をどうして…という気持ちで悲しいです。地球上から「戦争」という言葉が消えて欲しい。主催者側の皆様へ、これからも平和へ向けて尽力をお願い致します。

**（雫石町　四五歳）**

①このようなことが二度と起こらないように。

②平成の年度に入って私たち日本人は何を目指しているか。現在の自分を問うて在りたい。

③全国四一ケ所で展くとのことですが、もっと多くの機会、場所を設けて、多くの人々に知らせしめんことを願います。

**（市内　四五歳）**

私の四人の子供達には絶対にこの思いをさせたくない。中学校二年生の時広島の市民病院で歯の治療をしてもらったことがあります。その時最初の言葉が貴女は被ばくしてますかと言われましたけど今になって戦争の恐ろしさを思います。

**（北上市　四五歳）**

戦争は人間でなくなる。というより、ナチスドイツが、それが当然と思うことのおそろしさです。そうする事が人間でなくなるという感覚さえなくしてしまう戦争、戦争がこわいのでなく、そういう感覚になる人間がこわいです。

**（市内　四五歳）**

とても人間の犯した事とは思えない。

**（石鳥谷町　四五歳）**

同じ人間として考えられない事ばかりで、これを考え指示した人達は人間だったのでしょうか。地球内で起きた事とは思えませんでした。

**（市内　四五歳）**

まず、この展示会を花巻で催していただいたことを感謝します。一九四四年生まれです。今こうして家族と共に生きていることが、どれだけ幸せなのかと感じました。「小さい靴、服」みて、胸が苦しくなりました。本なので得ていた知識と今日、遺品を見せていただいた後の気持ちは、何と表現すればよいかわかりません。ただ、今後私でもできる事があったら実行したいと思います。

（市内　四五歳）

胸のつまる思いです。中学のときに夜ときりという本を読み、涙した日々がありました。戦争は絶対イヤです。我々の手で平和な世の中守りたいです。ありがとうございました。

（石鳥谷町　四五歳）

写真の前にたたずみ身動きが出来ない！りつ然とした。一体人間とは!?だがその記録を後世に残し、ドイツ民族の犯した罪を公開しようとするその勇気と精神、一方同じ同盟国の日本も大陸において同様に殺りくをくりかえしたであろうにどれだけ日本人である私達はその戦争の残虐性を自らの課題として世界に公開したであろうか。日本人として今何をしなければならないのか？その問いをつきつけられた。

（盛岡市　四五歳）

このような悲劇が決して起こらないように祈っています。

（市内　四五歳）

一人の人間の意志で物事が運ばれる事の恐ろしさをまざまざと感じた。民主主義の大切さ。自分達の子供にしっかりと引きつがなければならないことだと思う。

（遠野市　四六歳）

全くヒサンの一言につきる。

（北上市　四六歳）

前から見たいと思っていました。早乙女さんの本や記事を見、いつか見たいと思っていたのです。やっと見ることができました。ありがとうございました。

（市内　四六歳）

ヒットラーは人でない。

（市内　四六歳）

こんなことが本当にあったとは、どうしても信じられない。しかし、事実を事実としてしっかり受けとめ、今後こんなことが絶対ないようにしていかなくてはいけない。

（東和町　四六歳）

なんとも、胸をかきむしられる思いでした。昭和一八年生まれの私でも、あまり戦争の苦しさを知りません。あるところではこんなにもひどいことがなされていたんですね。たぶん、学生時代には、一度は学んだことだろうと思いますが幸せな私達は、すぐ忘れてしまうんですね。私達の年代から戦争を知らない人達には、今後も時々はこのような展示会でもいいから考える時間を持たせないといけないと思いました。あまりにも幸せに慣れてしまっている私達ですから。

（遠野市　四七歳）

今一度平和を強く感じました。

（市内　四七歳）

めまぐるしく移り変わる時代の流れと共に、忘れかけていた戦争のおそろしさ平和の尊さを痛感致しました。戦争のもたらす悲惨さを私達が次の世代に教えていかなければと心にきざみました。特に何もわからない小さい子供達ほんとうに何を叫びたかったと胸が痛みます。生きた教材ありがとうございました。

**（市内　四七歳）**

人種差別主義、排外主義と戦争のおそろしさを改めて学びました。平和と平穏を守らねばならぬと思います。アウシュヴィッツ展を企画、実行して下さった事に感謝します。

**（北上市　四七歳）**

今こそ平和、戦争反対の声を。

**（市内　四八歳）**

戦争はけっしてしてはならない。

**（市内　四八歳）**

本当に恐ろしいことが、人間同胞をあのようにあつかえるものなのか。我々（日本人）も今ちょっと非情になってきておりますので、原点に返り、愛を持って生活をしなければと痛感します。同胞に対しても世界の人民に対しても。

**（市内　四八歳）**

精神的ショックを受けたと思います。私には当然分かりません？アウシュヴィッツ展を見てどのようなものかだいたい分かりました。このような事は二度とないように願います。

**（水沢市　四八歳）**

人類の永久平和を望みます。

**（盛岡市　四八歳）**

もっと多くの展示品がほしかった。しかし世界中で展示されているものの一部でしょうから少なくても仕方ないのかも知れません。東北の田舎町に、よくこの催しを持って来てくれました。ありがとうございました。

**（大迫町　四八歳）**

日本も最近軍事力増強を図っているが、戦争は決して繰り返してはならないし、今の平和な日本を守っていくためにも国民は目覚めなければならないと思う。

**（市内　四八歳）**

本当にこんなやばんな事が平気で行われていたものか。知恵のある人間のする事ではないでしょう。動物でも親子のきずなはしっかりしているはずなのに。マスコミで聞く日本での犯罪もこれに似たものがあるけれど、この展示を見た人は、一人でも多く心を入れ替え自分の心を真の道へみちびく様努力されたら本当に良き今日の有意義な一日を感謝せずにはいられないでしょう。ありがとうございました。

**（市内　四九歳）**

生々しい戦争の悲惨さに、平和であることの大切さを改めて考えさせられた。日本人として世界の未来に貢献する子供たちの育成の重要さを感じました。

**（市内　四九歳）**

戦争の経験者でもありますが、以前に映画で何度も知っていたのでショックはありませんが、実物を見ると寒気がおこります。あの時代に他の国でこの様な事があったのは不幸な事です。戦争は人々に与える事が多すぎます。

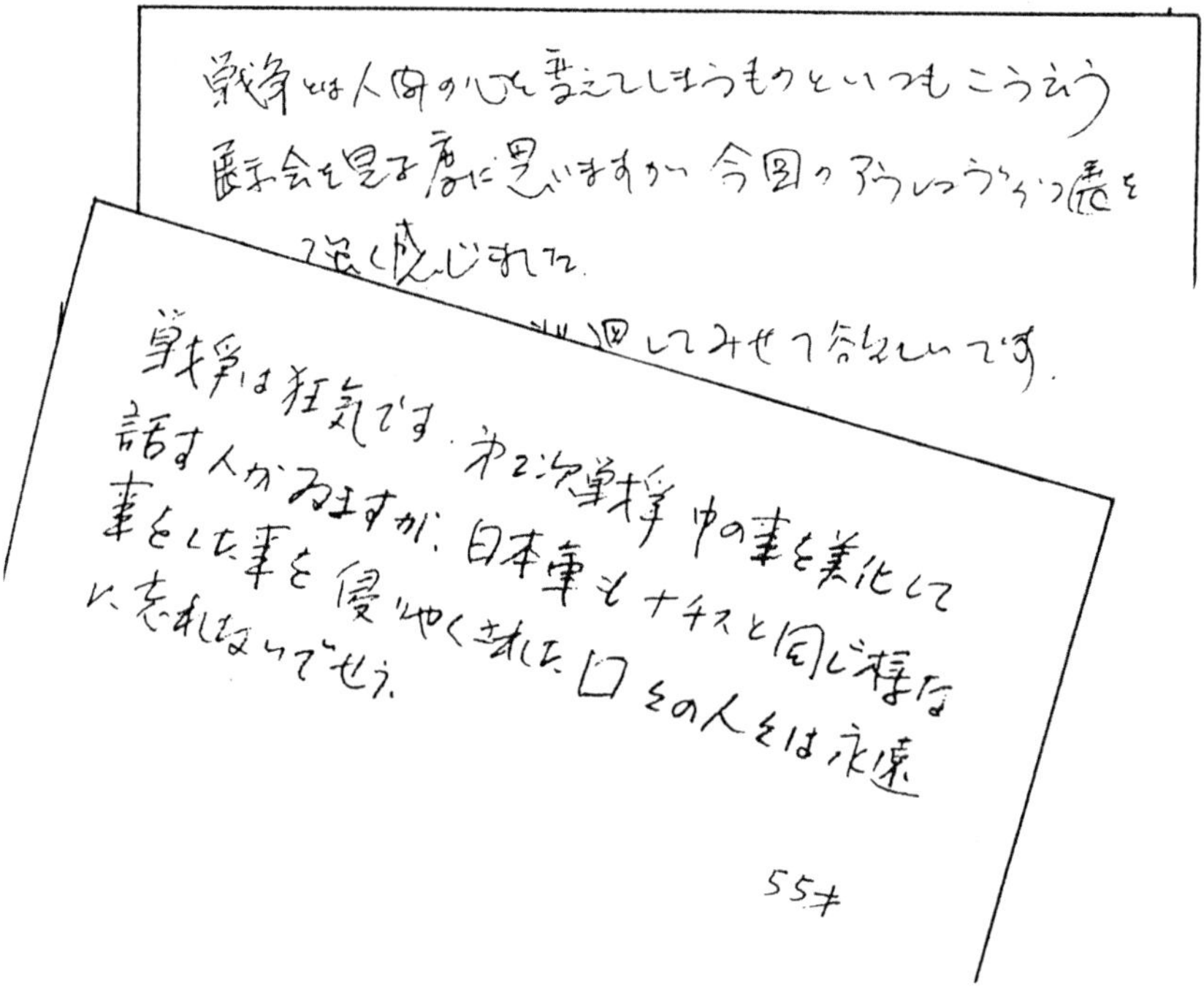
戦争とは人間の心を変えてしまうものといつもこういう
展示会を見る度に思いますが今回のアウシュヴィッツ展を
強く感じました。
……してみせて欲しいです。

戦争は狂気です。第2次戦争中の事を美化して
話す人がいますが、日本軍もナチスと同じ様な
事をした事を侵略された国々の人々は永遠
に忘れないでしょう。
55才

**（石鳥谷町　五〇歳）**

戦争の非人間性はこれほどまでかとあらためて知らされた。戦争はもちろん、犯罪をなくし、真に平和な社会のために努力しなければならないと思った。

**（北上市　五〇歳）**

人間の思想の誤りによる恐ろしさ。

**（市内　五〇歳）**

ざんこくと言うほかありません。自分が殺される身と知ったら気が狂ったでしょう。

**（大迫町　五〇歳）**

・生き残った画家によって描き残された収容所内の虐待の様子が生々しく動き出す。

・一人の劣等感から人間の疾みを解消するために行われた暴挙、行為はあまりにも多くの犠牲者を生みました。この歪んだ心の結果が、人間の理性を狂わせ、ナチスに参画してゆく過程がＶＴＲでよく分かりました。私もドイツに生まれていたら、ユダヤ人だったら、心がもたらす結果の恐ろしさに身ぶるいする想いです。あらゆる人種によって成り立つ、世界様々な考えを抱く人間を否定することから、本来の在り方を見失ってしまうエゴを増長させ、人間の尊厳を犯してしまう人間の心、この揺れ動く心を抱いて、本当に大切なものを見失わない生き方、いわゆる魂としての根元的な源に還り、本当の自由、心の自由を自分のものとして生きることを教えられました。

**（遠野市　五一歳）**

戦争は絶対に反対である。

**（市内　五一歳）**

戦争のおそろしさ、残酷でなりません。

**（市内　五一歳）**

今の気持ちは文章では表現出来ない。

**（北上市　五一歳）**

ヒトラーだけがにんげんじゃない！みんな同じ人間です。非常に悔しいです。頭が痛くなって来ました。

**（住田町　五二歳）**

戦争の、独裁のおそろしさ
**（市内　五二歳）**

戦争は絶対起こしてはならない。平和でなければならない。人類は一つに。（日本でもこれに近い罪を反して来たのだから？）

**（市内　五二歳）**

話にはアウシュヴィッツの事を聞いていましたが、こんなにまでも、ひどい事とは思いませんでした。ほんとうにせんそうっていやだと思います。ずいぶんひどい事をしたものですね。今私達はほんとうに幸せですね。

**（北上市　五二歳）**

人間の命のとうとさを教えられました。

**（北上市　五二歳）**

ナチスのユダヤに対する異常さは、歴史を学ぶようになってから、アンネの日記などを読むようになり、中学生の頃から、年令に応じて自分の心の中に、一つのこだわりとなっていました。今日ここに、生々しい遺品や記録写真を見、自分の心の中の一つのこだわりとしてだけでなく、子ども達に「戦争とは人間をして人間でなくしてしまう」ということを、具体的に語れる、いや語らなければならないという決意でいっぱいです。第二、第三のアウシュヴィッツがあってはならないのです。これほど、非人道的なものは、他にない！

わからないだけで、日本も戦争でこれと大同小異で残念至極なことを行っていたことだろうと思うけど、歴史にもっともっと学ばなければと思いを新たにしています。

**（市内　五二歳）**

こう云う事はこれからはぜひおこしてはならないと思いました。

**（盛岡市　五三歳）**

この状況から生きのびたユダヤの人々が、同じようなことをパレスチナの人々にしていることに感慨をおぼえます。会場が一杯で、こども達が多いことに将来への希望を感じました。人の命、生けるもの全ての命をお互いに尊重しあう心を持つ役に立つのではないか、そう念願します。

**（市内　五三歳）**

テレビ、本等で知っていた知識を遙かに越える悲惨な展示物でした。この憤りと悲しみをどこにぶっつければ良いのでしょう。今の幸せを改めて、認識するとともに、この平和を守って行かなければならない責任を全世界の人々が知るべきです。ほんとうの悲しみ、苦しみを知らない若い世代に、是非視てほしいと思います。

（市内　五三歳）

小生も父を戦争で失っている。ことの大事を真剣に考えるべきで、今行動していることが、本当に皆さんの幸につながっているか責任を感じている。人間を憎まずまず戦争をにくむ。

（北上市　五三歳）

生徒にアンネ・フランクの日記を説明したことがあり、是非見たいと思い来ました。大部分は写真集で見たことがあり、その意味では格別珍しくなかった。遺品も驚嘆するものは残念乍ら少なかった。（申し訳ないが…）いずれ開催にこぎつけた皆さんご苦労さまでした。若い人々が戦争を憎んでくれればいいと心から思う。

（市内　五三歳）

涙よりも寒気で胸が痛くて苦しくなりました。

単にナチスの思想でないことが改めて分かり、世界民族の平和の意識を育てるため小・中・高生、若い人々へ是非みてもらいたいと思いました。

（盛岡市　五三歳）

人間の起こす戦争。戦争とはこうも極限をむかえるものかと恐ろしさを感ずる次第である。人間は我欲をもつ動物であるが、このアウシュヴィッツ展を見て、いっそう感ずる。殺すもの、殺されるもの、現在日本は一見平和に見えるが毎日毎日の生活では、あるもの富み、あるものは貧しさを余儀なくされている。人類みな平和幸福に生活するには…いずれ考えさせられる。いずれ戦争とはこうなるものだと云うことをこの展示会では教えられる。ポーランドに旅行したことがあるが、また行ってみたい。

（市内　五三歳）

昔から、ユダヤ人問題に関心と研究を続けています。

（市内　五三歳）

・同じ人間を動物のように扱い又意のままに扱った。
・事に対し人間ほどおそろしいものはない。
・物の考え方を変える事のおそろしさを知りました。

（衣川村　五三歳）

戦争とは人間の心を変えてしまうものといつもこう云う展示会を見る度に思いますが、今回のアウシュヴィッツ展をみて強く感じました。各地区でもぜひ巡回してみせて欲しいです。

（前沢町　五四歳）

以前本を読んだことがあったので、ぜひ見たかった。写真など、いま目のあたりにして足がふるえる思いだった。

（水沢市　五四歳）

加害者も被害者も同じ人間であるということに恐れを覚えます。

人の思考力が全く働かなくなってしまうこと。善・悪の判断も出来なくなってしまうような世相がこわいですね。人類の平和を祈ります。再びこのようなことのないように。

（市内　五四歳）

戦争はぜったいしてはならないと云う事。花巻空襲を身をもって体験しています。小学四年でしたが、あの時のこわさは今でも忘れません。

**（市内　五四歳）**

日本も戦争にまけたけど、こんなでなくてよかった。やっぱり戦争はいやだ。

**（市内　五五歳）**

戦争は狂気です。第二次戦争中の事を美化して話す人がいますが、日本軍もナチスと同じような事をした事を侵略された国々の人々は永遠に忘れないでしょう。

**（北上市　五五歳）**

このような事は、絶対あってはならない事です。又戦争体験者として痛切に感じました。

**（江刺市　五五歳）**

「アンネの日記」「夜と霧」などの本ですさまじさに頭痛のする思いでしたが、実物を眼の前にして更に胸が痛くなりました。

**（衣川村　五六歳）**

すばらしい企画であったと思う。

戦争とは何か、人間とは、自分に問いかけ、考えさせられた。平和を今後とも追及したい。是非今の若者たちに子どもたちに真実を伝えていきたい。

**（江釣子村　五六歳）**

まず、胸がつまりはきけがおきました。私も戦争で父・母が亡くなり、女・子供、老人迄かんけいなく本当に戦争はいやだ！

**（市内　五六歳）**

人間のした事とは思われません。日本帝国主義の軍隊もこれに似た事をやったと聞いています。南京で、満州でそしてフィリッピンで。「差別」と「暴力」は絶対無くさねばならないと思いました。

**（市内　五七歳）**

一〇年以上前だったと思うが、この事件を記録した本を読み、強いショックを受けた事を思い出しました。

今あらためて、これが人間のもつ狂気のおそろしさをおぼえさせられ、今の平和をありがたく思います。

**（宮守村　五七歳）**

国際情勢の生んだ悲劇としてとらえた。日本も先進国に追いつくために支那・朝鮮において残酷な行いをなした。私が子どもの頃、田瀬ダムに朝鮮より強制収容された人々が働かされていた。ナチスは特に残酷という形でさらされていると思う。

**（市内　五七歳）**

どのような理由でも戦争というものの悲惨さをいやというほど感じた。アウシュヴィッツばかりでなく、日本の戦時におかした罪を（アジアや中国などに対して）その事実を、もっと国民で反省すべきだと思った。

宮澤賢治の〝世界全体が幸福にならなければ個人の幸福はあり得ない〟という言葉が改めて考えさせられる。

**（市内　五八歳）**

世の中にこんなにもむごく残酷な事があるのでしょうか、涙があふれて仕方がありませんでした。

**（水沢市　五八歳）**

人間の変心の恐ろしさを改めて知りました。戦争の心理は恐怖です。平和を祈り平和の運動を続けよう、みんなに！コルベ神父様のためにも。

**（石鳥谷町　五八歳）**

同じ人間同志でもむごいころし。

**（和賀町　五八歳）**

この世にこんな事があってはならないと思います。

**（市内　五八歳）**

ナチスドイツ第二次世界戦争でこんな冷酷無残な事があったとは我々日本人も戦争についてもっと又平和を愛する為に世界が手をつなぎ仲よくしたいと思います。

**（市内　五八歳）**

皆どれも胸のつまる想いがしました。

**（市内　五八歳）**

高校で社会科（世界史、倫理）等を担当している立場から、以前から、これらに関する関心があり、いろいろ自分なりに調べたり、調査等をしたことがありますが、この度生々しい数多くの遺品、写真等を見ることができ、大変感動をしております。今更の如く、平和のありがたさ、人権の大切さを痛感いたします。授業を通して生徒にこれらの事実を聞かせ、平和・人権の意義を徹底して理解させ、考えさせていきたいと思います。大変貴重な資料を提供していただいたことに感謝いたしております。

**（市内　五八歳）**

アンネの日記、テレビ、本などで少しは知っていましたが、実際に写真やビデオを観てその残酷さにショックを受けました。戦争は人間をうばってしまうというのは、本当です。私自身一九四五・八・一五戦争が終わることができるのだということを知り、ただ泣いたことをおもいだしました。

**（市内　五九歳）**

人間が人間でなくなる考えられない事実、おそろしい。彼らとて妻があり、子があり、家族があったろうに。殺される人達、子ども達を思いやる一瞬とてなかっただろうか。アフリカ・アパルトヘイトのこともある。核兵器のことも原発のこともある。いろいろ考えること多しの感です。

**（市内　五九歳）**

ヒトラーという本を読んであらかじめユダヤ人「ギャクタイ」を知っていましたが、この展示品を見て、想像以上のむごさを知りました。平和のありがたさをつくづく感じました。当展示会主催された方に御礼申し上げます。

**（市内　五九歳）**

これまでも、人道上あり得ない事実が、ヒットラーによって行われたことは、知っていたものの、実際にこの会場にきてみると、まさに、憤怒にたえない気持ちで一杯である。こんなことが、人間の世界に絶対あってはならないことである。現在の社会に、このことをしっかり残していきながら、これからの子ども達の生き方を導いて行かなければと、今更ながら、強い気持ちを持った。

# 六十代

私も一兵士として第二次世界大戦に参加
戦争は狂気であり人間ではないとの感を更に
深くしました 二度と子孫にこの様な体験は
させたくないとの思いで一杯です
沢山の人に見て貰いたいと思います
63才

**（市内　六〇歳）**

ただ永遠の平和を願うのみ。


**（紫波町　六〇歳）**

たいへんあくどい事をしたものと思いました。


**（和賀町　六〇歳）**

戦争は人間を人間でなくしてしまう。このような戦争は再び起こすべきではないことを痛感した。


**（市内　六〇歳）**

本などで多少は知っておりましたが、それ以上に冷酷無残であった。


**（市内　六〇歳）**

ずっと前にこれらを映画にしたのを見ましたが、その時の様子をいま思いうかべ、この写真と照らし合わせ、思いをあらたに、無残な人の心をもったのも何人かの人の命令にしたがわなければならない当時のしくみでしょう。


**（北上市　六〇歳）**

平和の尊さを実感しました。


**（北上市　六〇歳）**

一口にいって戦争は人間を鬼にするものだと強く感じました。


**（石鳥谷町　六〇歳）**

主人も拘留者（ソ連の）だったので、又ひとしお同情するものがありました。


**（市内　六一歳）**

人間を否定したファシズムは、遠いヨーロッパの過去のものでしょうか。狂暴と言うほかのない日本軍国主義と併せて決してよそごとではないのです。

こうした催事は、いつまでも、どこまでも、平和といわれる時代こそ訴え続けなければならないと思います。特に若い世代に。


**(市内　六一歳)**

人間のあさましさ、(何の罪もない命がうしなわれたこと)命の尊さ、(人類は皆友人、兄弟であること)

**(市内　六一歳)**

平和である事に、どっぷりつかっていますが、戦争の体験者として語りつがなければと、強く感じました。ありがとうございます。


**(市内　六一歳)**

戦争は人間性を失うこと、改めて痛感する。


**(市内　六二歳)**

戦争とは人間をかえてしまう。何としても戦争は二度とくりかえしたくない。


**(市内　六二歳)**

独裁政治のおそろしさ、思想教育のおそろしさ。


**(市内　六二歳)**

地球は一つお互い手をとりあい、ひたすら平和を希望する次第であります。


**(市内　六二歳)**

満を持していた悲憤が涙となって流れてきた。never more! never again! 以前に「夜と霧」という本を求めて読んだことがある。眼鏡の山、靴の山、櫛の山が今でも強く印象づいている。

六四年一月南京市を訪ねた。日本軍の惨殺の地にてパネル、遺品を見、日本の帝国主義を憎んだ。(吾も陸軍の軍人で沖縄戦に参加)平成元年十月沖縄に向う、同じ涙が流れる。それ以上に、ナチズムへの憤涙やまず。


**(市内　六二歳)**

人間が何故このようなことを平気で行なえるのか、戦争という一つの事がこのようなことをさせたのか。このようなことが行える根底は何なのか。ドイツナチズムだけがこのようになったのか。根底に教育というものの思想というもののおそろしさがある様な気がする。これはけっして過去だけではないと思われる。今、突出している軍事費などがまた戦争を起こさないのか、不安であり、教育の統制が不安である。


**(市内　六二歳)**

涙が出ました。

戦争中に爆風で死んだ子供達の黄色になった死体をトラックに積っていたことなどを思い出して、戦争の恐ろしさをあらためて感じました。お若い方、戦争をしらない方たちによく見てほしいものです。

ありがとうございました。


**(市内　六三歳)**

話には聞いていたが、これ程とは思わなかった。この残酷さには驚くと共に、怒りを覚える。人間は戦争によって人間でなくなる。二度とこういう戦争をおこしてはならない。我々は平和のために今後もがんばらなければならないと痛感した。

**（大迫町　六二歳）**

テレビ、新聞等で知ってはいたが、此れほどのさんぎゃくさに、いかりで身体がふるえる思いで見ました。

**（江刺市　六三歳）**

地球の人々は皆同じ人間です。お互いにいたわり、助け合うべきなのにどうして差別し、殺し合わなければならないのかと、理解に苦しみます。

よく我々は日本人であることを誇りに思っておりますとよく聞かされますが、それは違うと思います。その前に我々は人間である事を誇りに思って愛情、同情心を持って他人に接することが必要だと思います。

**（北上市　六三歳）**

私も一兵士として第二次世界大戦に参加、戦争は狂気であり、人間ではないとの感慨に深くしました。二度と子孫にこの様な体験はさせたくないとの思いで一杯です。沢山の人に見て貰いたいと思います。

**（市内　六三歳）**

強制収容所―二度とこの様な事あってはならない。

**（石鳥谷町　六三歳）**

平和の必要性を痛感。

**（市内　六三歳）**

ユダヤ人が多数殺されたことは知っていた。何かの本では七〇万人と記憶していますが、それだけではなかった。何故ユダヤだけ殺されたのか、第一その背景がよくわかりませんでした。何故殺したのか、この展示の機会をつくっていただきお陰でよくわかりました。林氏に敬意を表します。

「アンネ」の日記は名だけ知って、この様な内容をもつものとは知らなかった（読んだことがない。）

「人のいのち、人権」この二つを大切にすれば、あとはそれ程大切なことではなかろう。このことをよく個人の心にとどめ、企画、行事作品が現在もっともっと多くしなければならない。

その意識不足から総ての争いが生ずると思う。

**（市内　六三歳）**

今後こんなことのないように。

**（市内　六四歳）**

戦争をしてはならないと言う事です。

**（市内　六四歳）**

ものすごい

**（市内　六四歳）**

誰を憎めばいいのだろう？

**（市内　六四歳）**

ただ始めは、アルバム見るが如くあっけに取られ、書く言葉もありません。日本人も心の底になにをもくろんでいるか、事と次第によっては、何をする狂人であるか分らない。自分の正体すら分らなくなりました。自分ではおさえ切れない何物にもたとえ用ありません。

**（江刺市　六五歳）**

平気で人殺しをやり、世界を支配しようとする者（ナチス）これは、鬼畜にも劣る行為で全くおそろしい。何の罪もない人を殺す。その考えと行為は許されるものではない。仮にも、ドイツが勝っていたらと思うと、世界は更にみじめだったろう。

世界の平和の為には、民主主義の発展しかない、私も兵隊にとられ、青春時代を奪われ、戦争の愚かさを思いしらされた一人である。

この写真展を見てことさらに感じます。

全国民に見てもらいたいと思う。

**（大迫町　六五歳）**

この様な事は二度とあってはならない。私もシベリア抑留者の一人です。三年間、生活して来ましたが……。

**（市内　六五歳）**

ナチス、ヒットラーの事はある程度知っておりましたが、今日この写真を見て本当の事を知った気がします。二度とこんな事のない様に祈ります。

**（仙台市　六五歳）**

日本は「極東国際軍事裁判」で、人類に対する罪、平和に対する罪等、事後立法により多数の日本国家指導者たちは、勝者の手で絞首刑に処させた。しかし、このアウシュヴィッツでは、ナチスドイツの組織的な、人類に対する犯罪行為が実地された。正に悪魔的名犯罪行為である。ゲッベルは処刑の執行前二時間に、服毒自殺した。しかし、これらの収容所での自殺の自由さえ許されていなかったとの事。アイヒマンがブラジルからイスラエルの手で連行されて、裁判の結果、死刑にされたし、西ドイツは、自国の自由的な制裁組織を持った。（一方、日本では、そうした自主的な組織もなく、戦争責任があいまいにされた。）我々には、西ドイツ政府のそうした態度に反省の心を抱くべきであると思う。私は今「東京裁判」について多くの事を読んでいるが「ニュールンベルク裁判」についてても研究する必要を痛感する。徹底したドイツ人のやり方には、舌を巻くのみである。日本人たちはこれ程の事はとてもやれないであろう。正に思想的である。

**（市内　六五歳）**

他国のことでは無い、日本軍もこれ異常なことを――。二度とあってはならない。

**（市内　六五歳）**

人間は最高の善もするし、最悪のこともする不思議さを持っているように見えるけれども、本来は物事に対応して人間の喜び、キド、アイ、ラクで対処している不思議さを持っていると思われます。このことは、本願を聞いて、段々わからせていただくようであります。

**（市内　六五歳）**

戦前、戦中、戦後派の人々によっていろいろ視点は異なることはわかるけれど、事後の整理が大切であろう。

教育は狂育になったり或は狂育となり大変なまちがいを生じます。今こそ宮沢賢治先生の世界全体の平和思想を世界全体の民族に呼びかける時である。

国内に目をむけ家庭に目をむけても同じく考えさせられる。

**（市内　六六歳）**

人間を人間あつかいしない戦争、平和の大切さが身にしみた。又、ふとシベリアの日本人収容所を想像させられた。そして東京その他の空襲を思い出した。

**（市内　六六歳）**

終戦時収容所を思い出した。

**（市内　六六歳）**

むごい事が行われた事、戦争の恐ろしさ、二度と戦争を起こしてはならないと思い、子供たちへの教育がまちがわないような世の中でなければならないと強く感じられた。

**（市内　六六歳）**

このような虐殺虐待を行った人も不断は我々と同じくごく普通の人間だったにちがいない。なにがこのようなことを行わしめたのか、人間を鬼（狂気）にするものは何か。

**（東和町　六六歳）**

このざんにん、この様な事が有った事全くおどろいた。日本の平和、日本民族を守らねばならぬ。

**（市内　六六歳）**

戦争は絶対反対です。

**（宮守　六六歳）**

この世にジゴクがあるとすれば、これがジゴクでしょう。ナチスの恐ろしさが身に泌みました。

**（市内　六六歳）**

私も父が釜石製鉄に働いておりました時、カンポーシャゲキを受け、亡くなりました。イカゾクの一人です。

**（石鳥谷町　六六歳）**

パネルを見ると戦争のおそろしさを益々感ずるとともに、罪もない人達をむざんに殺した様子、涙なしには見られない。

私も戦争に行って来た一人であるが、こんなむごいことはなかった。それでも食料がなくなると、戦いでなく、りゃくだつに出かけることはあった。

この世界から二度とこんなむごい戦争をなくさなければならないし、子供たちにも戦争のおそろしさをしっかり教えるべきだと思う。

**（市内　六七歳）**

ひどいの一言につきる。戦争は人を鬼にする。

**（市内　六七歳）**

感動。戦争という人間の記録、私をふくめて。

**（市内　六七歳）**

本当におそろしくかわいそうで涙が出ました。

**（石鳥谷町　六七歳）**

戦争は、次の世代の人達には、起す様なことをやってもらいたくありません。かつて私は従軍看護婦として中国に行って、戦争は、いやだと痛感したものです。

その意味でもこの展覧会は、みなさんで見、又子供達にもその戦争の恐ろしさを認識してもらいたいと思いました。

**（市内　六七歳）**

民族を強調するヨーロッパに於けるドイツの姿を尊重

した日本の過去と今またそれを復活していこうとする強いもの多数のものに盲目に従う今の日本資本主義の行き方をいつも不安に思う。

**（和賀町　六七歳）**

現在の幸せを再認識。

**（市内　六八歳）**

(1) 戦争は人間を鬼畜にするもの

(2) 人間程愛と憎と表現する動物はいない

(3) 戦争は絶対避けなければいけない

**（市内　六八歳）**

第一に悪の根源は独裁。第二に勧善懲悪の精神を幼少から教育することの大切さを感じます。他人のことは自分のことという宗教的精神が大切と思う。

**（湯田町　六八歳）**

小学校時代に先生からユダヤ人の人々がざんぎゃくに殺された話を聞いてある程度は想像して居りましたが、余りにも想像できない強制労働と粗食で、殺された事にはあきれ果てた、という言葉はこの写真の事だと痛感した。

のこされた遺品の中に食器と便器に一個の器を使用した事、又制限された時間に用便死にもの狂いだったと痛感しました。

**（市内　六八歳）**

私達は地球上に生きる者として、こうしたむごい事が何に依っておこるでしょうか、私自身をよく問うて行かなければならないと思いました。

**（市内　六八歳）**

主人の弟もシベリヤ収容所で死亡しています。

**（市内　六八歳）**

我々は太陽によって生きています。人は人を殺すという事は出来ません。本当の平和を願いたいものです。

**（盛岡市　六八歳）**

二度と戦争をしてはならないと思います。日本の広島のごとく、同じ人間であり乍ら、写真だけでもせんりつをおぼえます。今後こんなニュースの出来ないように祈りたいと思います。

**（市内　六九歳）**

なんでこんなざんこくな事をしたのかといかりの気持ちでいっぱいです。死んで行った人達がかわいそうでなりません。

**（市内　六九歳）**

二度とこんなことは——地獄のせめとも思われる思いがし、戦争のあわれな姿と言う事が身にしみてかんじられました。

**（市内　六九歳）**

戦争とそれにつながる考え方が恐ろしい。戦争は被害者となる反面、加害者になっている。人種によって悪いことをするとは限らない。ドイツに起こったことは、日本人もやったことである。厳しく、勇気をもって生きたい。

その頃なぜ人間がこんなに乱れていたでせうか想像がつきません。
今の日本の幸福を新ためて感じさせられました。

74才

---

人間の手によってつくりだされた生地ごくを見ました

75才

**（市内　七〇歳）**

絶句、絶句、言葉も文章も全身に詰まってしまいました。この地球上で二度とあってはならないことです。

**（市内　七〇歳）**

私も収容された一人ですが、収容服一枚で夏、冬、私達は季節にかまわず着ました。

やはり戦争はいやだ。平和を祈る。

**（市内　七〇歳）**

こんな事は二度とあってはならないとおもいます。

**（市内　七〇歳）**

日本軍もそうであったように、ドイツの権力者も国の為という名のもとに、ドイツ国家、国民の保護を目的として、何も罪のないユダヤ人他隣接他国民を無残にも強制的に「ギャクサツ」するむごい行動は許せない感じ、私も戦争中、国の為、天皇の為と六ヶ年間中国の湖南作戦、相桂作戦に参加、罪のない中国々民、老若男女問わず殺害し、家財、食料品を徴発し、家を焼き、若い男子は皆クリー（労役）に使用し、あの無残な日本軍の姿が今五十年たって、あたらめて、思い起こされ、戦争は絶対反対を認識した次第です。

**（市内　七〇歳）**

・印象にのこった写真、ガス室で処理しきれなかった死体を野積にして判然写っているので。

・それ丈の厳しい条件の中で尚信仰を強く持ち、遺言の手紙等、又礼拝の為の聖家族等の彫刻を、材料も時間も気力もない厳しい条件の処で、よく作り、おそらく自分だけでなく、仲間の信仰を支えた神に近い行為。
（聖家族）

・昔、アウシュビッツ収容所の記録を読んだことがありましたが、収容所はアウシュビッツだけだと思ってたのに、千個所もあったとは言葉を失います。

・頭が痛くなり、胃が痛くなり、とても苦しく成りました。同じ人間として。
**（石鳥谷町　七一歳）**

今の平和な世にあっては考えられないことであり、然もむごいしうちには、心がいたみ、絶対今後こういうことがないだろうとは思うが、戦争だけは、さけねばならないことを強く感じました。
**（江刺市　七一歳）**

以前アンネの日記や夜と霧などの本で一応は知っていましたが、実物の遺品を見て、今さらのように、ナチスのざんぎゃく性を感じショックを受けました。
**（石鳥谷町　七一歳）**

どう考えても人間のやった行為とは思われない。一口に言って全く動物以下の行為にすぎない。

たとえどんなことがあろうと、ガス室殺人、食べ物をあたえない、ましてや女の髪の毛を切り取って原材料にする。死体の灰を肥料に使う、悲惨とか、何とかなどで言い表すことはできない。

今世界は平和へ向かって少しづつではあるが、動いている。この催しを世界中でやってもらいたい。
**（市内　七一歳）**

何を見てもつみのない子供たちがかわいそうでならなかった。
**（石鳥町　七二歳）**

私も戦争経験者ですが、こんな怖い事は始めて知りました。人間が人間でなくなる悲しみ、誰も考えられないと思います。生あるよろこびをつくづく感ずる。
**（市内　七二歳）**

アンネの日記を読みましたが、想像以上の過酷さを見た。戦争とは、地獄をつくることであることを改めて感じた。自分一人の生命を守ることしか考えられない此の時、死刑に呼び出された一人のユダヤ人の身代りを申し込み、餓死室に自らの求めによって死んでいったコルベ神父に人間でもこのような愛の行為ができることに胸打たれる。

世界中の人々が此の地球全体の平和を願い、戦争がなくなるよう努力したい、殊に今は一発の核が世界を破滅できる時代である。平和の為に何をすべきか日本だけでなく、世界が考えこのかけがえのない地球を守っていかねばならないと思う。
**（市内　七二歳）**

アウシュビッツ展があるのを知り、娘が見る前によく本をよんでみた方がよいと云われ、大変よくわかりました。日本の平和の時代に生きているのが、勿体ない位、ますます長生きをしたいと思いました。

（市内　七三歳）

戦争のむなしさと、ユダヤ人の迫害だったと記憶にしています。

私も元軍人のはしくれですが、むごいの一言に尽きます。

（市内　七三歳）

戦争のむごたらしさ、しみじみ感じさせられます。

（市内　七四歳）

私も同じ兵隊に行って来ました。将校として一応国際法、陸士講で勉強しました。しかし、此のアウシュビッツの悲惨まではよそうし得ませんでした。

此の展示はドイツヒットラーの無残な行為を表しておりますが、私達自身はたして此のような行為が少しでもあったことを実感として深く反省、二度と戦争と云う罪悪を起こさない為、終生共に手を取り平和の尊さをかぎりなく呼ぶ次第です。

（市内　七四歳）

戦争は絶対させたくない。

高校生にも見せたい。

（市内　七四歳）

その頃なぜ人間がこんなに乱れていたのでしょうか、想像がつきません。

今の日本の幸福を改めて感じさせられました。

（紫波町　七五歳）
・真に残酷の一語に尽きる。
・かかる非人道的戦争犯罪はこの人間社会から絶滅させなければならない。
（市内　七五歳）

人間の手によってつくりだされた生き地獄を見ました。

（江刺市　七六歳）

戦争の恐ろしさ、私も軍隊生活したので人ごとでない気がした。人間も一たび皮を脱ぐと鬼になる。

（市内　七七歳）

再びこうしたひげきをおこさしてはならないと思いました。

（市内　七八歳）

ヒットラーは神様だと思ったいた。ヒットラーは、鬼だ。涙なしではまた見られない映画写真であった。世界全体の人々に見て貰いたい。

（市内　七八歳）

今後いかなる事情があろうと戦争だけはさけねばならぬ。戦争によって此のような事実と、それ以上の惨劇が起こらないとは確証されない。

（市内　七八歳）

今日の平和が永久に続く事を深く祈念する。

（市内　七八歳）

ザンコクそのものです。

（市内　八四歳）

こんな事実がこの地球の地上で起こっていることに驚異を覚える。

若い時ヒットラーは国民大衆に愚民であると言った事を覚えているが、日本も嘗て同盟を組んだ事があった。東西ドイツの壁が取り払われて本当に嬉しい。

無記名

人間の自由って何だろう。誰に生死を決める権利が
あるのだろう。平和な時代、所に生まれ育って良かったなぁって
二度と、あんなことをくり返したら、いけないなぁって…
他人のことじゃないんだよ。自分が考えないと、まわりに押されて
また、ああいうことがおきるんじゃないかって
自分たちのことだから、自分たちで考えなければ

**（市内）**

人間の自由って何だろう。誰に生死を決める権利があるのだろう。平和な時代、所に生まれ育って良かったなぁって、二度とあんなことをくり返したらいけないなぁって…

他人のことじゃないんだよ。自分が考えないと、まわりに押されてまたああいうことがおきるんじゃないかって。

自分たちのことだから、自分たちで考えなければ…。


**（市内）**

日本人が東南アジア大陸でしてきたことをこのように見つめなおすことができるといいですね。


**（市内）**

そうぞうもつかない写真だったのでびっくりしました。虫けらみたいにころされているので、あまりにもみじめすぎる。


**（市内）**

あまりにも人権をむししたむごいやり方に悲しさを覚えた。子供達にもよくわかってもらい、二度とこのような事が起こらないよう祈りたい。


**（市内）**

あまりのむごさに声も出ない感じ。これが人間……戦争がこれほどまでに人間を変えると思うと、おそろしい。涙が出て…これが感想です。


**（和賀町）**

感無量

（市内）

以前からいろんな物で断面的には目にしていましたが、胸にせまるものがあります。今の子供たちにこのような事は二度と行なわせてはならないと、強く感じてほしいと思います。

（市内）

このような事が、二度とおこらないことを願います。

（市内）

食器のボールを便所のかわりにもつかわなければならなかったのはとてもつらい事だったと思います。

理由もなく次から次への罪のない老人や子供まで殺されるのはとても悲しいと思った。

（市内）

ずいぶん前にアンネの日記を読んで少しはわかっていたつもりでしたが…当時の生々しい場面をビデオで見、女の人の髪の毛で織ったという布、実物を目の前にして、こんなにも残酷な事が実際に行なわれたというおどろきとかなしみ…

戦争は絶対にやってはいけない。やらせてはいけない、何時の世までも平和でありたいと願うばかりです。

（市内）

老人、子供、妊婦まで殺すなんて、残酷すぎると思いました。

（市内）

知識としては知っていましたが、やはりショックでした。


できることなら、子どもたち皆に見てもらいたいです。加えて、日本軍が、中国やその他アジアで戦争中に行なったことについても知りたいし、子供たちに知らせたいです。

（市内）

四十数年前起こったできごとを私は表面的にしか知りませんでした。

このような悲惨な仕打ちを感情をもった生身の人間が味わったのだと思うと、同じ人間としてゾッとします。でもこれは、いつの時代でも、どこの国においても、起こりうることなんですね。

岩手の片田舎で、このような展示に出会えるとは思っていませんでした。このアウシュビッツ展開催のために尽力された方々に深く感謝します。

（市内）

自分の子供達には、絶対にあってはいけない事。

（市内）

特に平和の大切さを知りました。

（市内）

戦争は人間を人間でなくするものだ。二度と戦争をおこしてはいけない。

（市内）

ぜったい戦争は反対です。

（市内）

戦争というもののこわさ、人間と言うものが立場とかおかれた場所によっては人間性を失い、どんな恐ろしいこともやってしまうものであるということが分り、改めて戦争を二度と起こしてはいけない、私達の子供には平和な社会に一生住むことが出来るよう大人の私達が努力していかなくてはと思いました。

**(市内)**

話や本で見たり、聞いたりしたことはありましたが、実物の展示や写真を見てあまりのむごさに背すじの寒くなる思いがしました。今私達が住んでいる日本はあまりにもめぐまれています。

子供二人と見にきましたが、もう少し大きくなってわかるようになったら、私も読んだ「アンネの日記」を読んであげたり、話したりして聞かせたいと思います。

**(市内)**

人間が、これ程人間に対して残酷になれるとは…。

戦争を知らない世代が増えている中、このような事実を知り、語り伝えていかなければと痛感した。

**(市内)**

今まで聞いて知っていたこと以上に生々しいものを感じた。これからの地球の平和のためにも、このようなことが二度とおこらないことを願います。

**(市内)**

アウシュビッツ展をみて、心をうたれました。

二度とひどい戦争をおこさないように、私達が、この世界をつくっていかなければならない。

**(市内)**

戦争による無残。ナチズムの思想だけでの一般人犠牲者あまりにもむごい。こういうことはあってはならない。

**(市内)**

企画なさいました林先生に心から敬意を表します。本当にありがとうございました。

**(市内)**

人でない。

**(北上市)**

いきどおりを感じます。

**(市内)**

このようなことが絶対どこの国でもおきてはならない、私たち大人が一人一人考えていかなければならないような気がします。

子供にも一度、見せたいと思いますので、冬休みにも企画してはどうでしょうか。

**(市内)**

私達は戦争によって命を奪われた方々を思うとまさに地獄その物の姿です。今この日本平和の時代に二度と戦争のないよう願っております。

**(東和町)**

本当の事を知らなかった。

戦争はおそろしい。

平和を望む。

**(市内)**

人間が人間に犯した罪にどうしようもない悲しみを感じます。今私達が平和である事の喜びと同時に過去として忘れ去られようとする時にこのような運動を発展されていることに感謝すると共にできるだけ多くの機会を作られる事をお願い致します。

**(湯田町)**

話はきいておりました。

現実の写真でより深い感銘を受けた。おそろしい人間エゴ！

**(市内)**

順路を進むに従って、総身にとりはだが立って来るのを抑える事が出来ない程の恐怖を憶えずにはいられませんでした。戦争という異常な状況がすべての平和な過去を抹殺してしまう。他人事ではなく、これからも起こり得る事を実感した。

**(市内)**

数々の遺品を見て、戦争にたいしていかりがこみあげてきました。二度とおこしたくない。

**(市内)**

生涯忘れないようにしたい。

**(市内)**

戦争は絶対にしてはならないと感じました。

日本では今他国のかんしんをもっとする様にしたらよいと思った。

**(市内)**

子供達が可哀相です。

平和を願うばかりです。

**(市内)**

こんな事はぜったいあってはならない。

**(市内)**

戦争の残酷さが私も軍人として大陸で戦ってきたが、日本軍はこれほどやっていない。戦争とはひさんなものである。

**(市内)**

ざんこくでおおくの人が殺されてかわいそうだと思いました。戦争がなければいいと思いました。

**(市内)**

ほんとうにざんこくで、ころされた人たちがかわいそうだと思いました。

**(市内)**

遠くはなれたことであっても、人間と人間の関係のむごさがどんなだったかが良くわかりました。こんなことがあって良いものかと思います。ほんとうに残念でなりません。

今後このようなことがあってはいけません。

**(市内)**

みてとてもしんだ人をみてとてもこわかったしとてもいやなきもちでした。

**(市内)**

同じ人間でありながら、まるで何かいらぬ物でも扱うような恐ろしい光景は、この世のものとは思えません。平和すぎるぐらいの今の私たちの生活をもう一度考え直し、日々ありがたいという気持ちで生きて生きたいと思います。そして二度とこのようなことが起こることのないように祈りたいと思います。

(市内)

私たちの現在今この時の幸せに感謝するとともに、子供達にも戦争のおそろしさや二度とくりかえしてはいけない事を改めてお話しして上げたいと思います。


(市内)

とても心が動かされました。ただ、この印象を強くするためにも、関係した本もあれば、もっとよかったと思います。


(市内)

かわいそうにおもう。


(市内)

戦争というものは、とてもヒサンなものだと思った。

これからも戦争がない平和な世界を私達で作っていかなければならないと思った。


(市内)

人間が人間に対しておこなったとは思えない行為が許せない感じがした。


(市内)
・人間愛について
・生命の重さ
・二度とこのような事を繰り返さないよう考えていく必要があると強く感じた。
・一部の人間によって多くの人間が不幸になった事は本当に残念である。今後争いもなく、平和な世界を築いていくよう、皆で考え、子供達に伝えていかなければ

(市内)

本やお話しでは聞いておりましたが、改めてすごいなぁと思いました。


(市内)

しんでいく人がかわいそうだと思いました。


(市内)

戦争はぜったいいけない。


(市内)

どんなことがあっても、二度とあってはいけない。同じ命をもって生まれてきているのに、許されることではない。


(市内)

人間が人間の命をそまつにするということが許されてよいものかと思います。

たとえ、自分の利益や欲のために他の人の命をうばうことが今後けっしてあってはならないと思います。


(市内)

こういうものをはじめてみたのでびっくりした。子どものくつやふくもあってかんどうした。


(市内)

「ひどい」の一言。あまりにもむごたらしく、思わず涙が出て来た。とても人間のする事ではない。完全に精神が分裂状態にあったのではないか。ショックだった。


(市内)

人種によって戦いあうみじめさ、同じ人間なのに、人

た。人間ということを考えられる時期の高校生にも是非観せてやりたいと思いました。

このような企画に心から感謝致します。

**（市内）**

とてもむごくてとてもかわいそうでした。

**（市内）**

すごくむねがいっぱいになった。見せていただいてとても感謝します。

**（市内）**

もう二度と戦争を行なってはいけない。一人の人間がかわいそうだ。

**（市内）**

自国の利益のため他国人を大量に殺すなど許されない行為である。

**（市内）**

戦争のむごさを再びくり返してはならないと思い、今の平和をありがたいと思う。

**（市内）**

人間が人間を殺害していくという考えもつかない行為に対して、いいしれぬ怒りを感じる。

やはり人間がおこした罪は人間で解決しなければならない。

**（市内）**

子供たちにも説明してあげるつもりで見ましたが、口に出せないひどい状態があり、話すことができませんでした。

青木進々さんの講えんの聞いたとおりでとってもひどく悲しいものです。

**（市内）**

私も戦争の犠牲者である。（戦災に遭い、中学一年の時に岩手に疎開した）従って戦争の恐ろしさは、直接肌で感じているので、当時の日本とダブらせて見ることができた。

ナチスドイツ、戦前の日本が全くナチスと同じ道を歩んだ。軍部独裁のもとすべてが統制された。私も軍国主義の教育を受け、「米、英鬼畜」と教えられ、同じ市に中国から強制連行され、貨車（無がい）に載せられて鉱山に送られていく中国人を見て、快の感情になったり、同じ市内に住んでいる朝鮮人に石をぶっつけたし、悪口をたたいたりということは日常あたり前のことであった。（これ程に洗脳されてしまった。）

終戦で国民は総ざんげし、憲法が新たにつくられた。当時は「軍備を持つ」ということは、誰しも考えなかったことであった。それが現在の軍備大国にのしあがり、一層巨大化しようとしている。「政治も経済も力の強いものが支配するようになり、裁判もその傾向を示しはじめた」と言われている。戦前の風潮に似てきたような気がする。

再び三度も過去の惨禍が起きないように一人一人が、そのような風潮をチェックしなければならない。

戦争の恐ろしさが風化されてきている。

その意味でも、今回のこの企画は大きな意義があると思います。

**（市内）**

一度は…と思っておりましたので…。それにしても、戦争のおそろしさ（〝広島の原爆記念館〟見学とはまたちがったものですが）をみたおもいです。

人間がこんな他動物にも劣る悲惨で残酷なことができるなんて、信じられませんが、事実であるとしたら、戦争とは〝人間性〟を失うおそろしいものなのですね。

**（盛岡市）**

人間が人間らしく扱われない生活がこんなひどいものかと、二度と、こんなことのない、どの人種にも人間、やはり世界平和を願わずにはいられない。

**（市内）**

ただ見て回っているうちに涙が出てとめようもありませんでした。

**（石鳥谷町）**

戦争って恐ろしいと思っていたけれど（実際に戦後生まれの私は戦争を知らない）今日の展示を見て、想像以上に恐ろしく、かなしかった。わが子に、共に、地域の人に、今日感じたことを語りついでいきたい。残り一日だけど、是非見に来てもらえるよう身近な人に呼びかけたい。

**（市内）**

戦争の非人間的な残ぎゃく性を改めて考えさせられました。

**（市内）**

なみだが出て来た。

**（市内）**

二度とくり返されてはならないことだと強く感じました。

**（市内）**

見て気持ち悪くなりました。同じ人間同士でこんな事が出来るものでしょうか。とても信じられない。二度とこんな事のない様にと思うばかりです。

**（市内）**

お互いにいい所を出し合えば人間はいくらでも美しくなり、そうでないと、いくらでもみにくくなる。

**（市内）**

二度とこういうことのない様な生活を望む。戦争は何としても避けられなければならないと思う。皆が忘れないように、時々でもいいから、こういう企画を続けていってほしい。

**（市内）**

・人間のしたことには思えないほどひどいと思う。考えつくだけでなく、すべて実行に移したことに絶句する。

・他国のこういったことも、知るのは大切なことだが、第2次世界大戦における日本軍の侵略もこういった形で知らせるべきだと思う。

**（市内）**

ナチスの収容所については聞いたことはありましたが、

に想像を絶するようなざんこくな事です。今の平和な時代を生きている私たちは何と幸せな事だろうと思います。二度と戦争など……ざんこくな事をくり返してはならないと思いました。

**(市内)**

戦争によって、こんなにも人間が狂ってしまうのかと、ただただ恐ろしいばかりでした。

**(市内)**

平和を保つには、一人々々の意識が重要。

**(市内)**

これが同じ人間が行なったことかと、全く信じられない。二度とこのような事があってはならない。

世界平和、人間皆平等。

**(市内)**

こんな事は、今後絶対にあってはならないと感じました。

**(市内)**

あまりの想像以上に何とも書き現せません。

**(市内)**

住職から聞いた通り、子供に何のつみもない、かわいそうです。

こんな事は、二度とおこさせたくないと思いました。

**(市内)**

戦争とは何処でも同じ様だと思います。日本ではガス等では殺してはいないが、戦地に行った者は、やっぱり苦しい思いをしているので、本当に戦争は二度と、絶対にしてはいけないと思います。

**(市内)**

戦争は人間の最もおろかな行為だと思いました。子供達の目にどう映ったか気になりました。

**(市内)**

戦争は二度と起こしてはならないと痛切に思いました。

**(市内)**

ひと通りたいして深い意味がなく見ても背すじのこおる思いです。今の戦争の知らない子供達にこの写真、遺品の意味を知ってもらいたいです。戦争はこの世から消さなければなりません。

**(市内)**

とてもおなじ人間だとは思いません。

**(市内)**

とにかく驚いた。ヒトラーのユダヤ人虐殺は知っていたが、写真やビデオなどでの強制収容所の全貌を知らされ、胸に何か熱く込み上げてくるものを感じた。常日頃無事に暮らしていると、忘れがちだが、今日改めて、平和の尊さを感じた。このような事は二度とあってはいけない。

**(盛岡市)**

平和がいかに大事なことか、これからも、世界の平和について真剣にとりくむことが大切と思います。一人一人が考えるべきことです。人まかせでなく。

## 全国45都市で開催された「心に刻むアウシュビッツ展」の感想文より　（原文のまま）

我々は事実をどこまで認識し得るか、非常に疑問であると同時に、常に人間の犯す罪を見つめ続けていかなければと思います。

国家の正義という名の前に、個人の自由、尊厳を奪う行為が、今現在、この日本で、そして世界の各地で起きている事を、私達は見つめ続けていく勇気を持ちたいと思います。　**北九州市　吉村　泉　会社経営　四一歳**

言葉になりません。私たちは一般に写真の中の世界をとらえがちですが、写真一枚一枚に、自分を重ね合わせたら気が遠くなる思いです。これからの世代の人々が、平和をあたり前のものととらえ、この事実を過去のものと感じるようになったとき、またこのあやまちがくり返されないともかぎりません。いや、もう別の形で起こっているかもしれません。事実をもっと事実としてとらえられるような機会をもつべきだと思います。

そういう意味では、このアウシュビッツ展はよい機会だったと思います。でも、一番見てほしい人は、こういうのに興味を示さない人たちなんですけどね。そう思いませんか？

**高萩市　大高明子　高校生　一七歳**

今、私たちは、平和な世の中に生きているから、このようにひどい目にあわされた人の事を、かわいそうだなと思う事しかできない。

平和になるというのは、本当によい事なのに、平和になればなるほど、このような人々の苦しみが忘れられているようで、なんだかかなしい。

**福知山市　中学生　女　一四歳**

「戦争はいやだ、かわいそう」ではダメなんじゃないかな。もちろん、そう思う事は必要だけども、それだけじゃダメだと思うのです。私たちが何をすべきかを考えなければいけないでしょう。

戦争というものは、人間が人間として生きることができなかった。国籍の違いで差別がおこなわれてきた。民族のちがいで差別された。正しいことを口にすることさえできなかった。など、いろんな意味が含まれています。戦争体験者が少なくなっていく今、これから私たちは、次の世代に語りついでいかなければならないでしょう。しかし、子どもたちに教えていこうとすると、すぐに「待った」がかかるのが今の教育界なのです。

ドイツや諸外国は自国の戦争責任を認めています。ところが〝国際化、国際化〟と叫ぶ日本はどうでしょう。旧日本軍が中国、朝鮮、アジア諸国で行った行為の責任を認めようとはしません。それどころか、消してしまおうとしています。教科書検定でも、そのことがはっきりわかります。

正しいことを、人間として一番大切なことを、子どもたちに語ることができない時代が、今だに日本では続いています。自分だけで今日の思いを持ち続けていくのではなく、私たちは、子どもたちに語りついで行かなくてはならないと思います。

**宮崎市　二月二六日記**

五歳、七歳の子供を連れて参りましたが、何もわからないようでした。ただ無口になっただけ……。一〇年後、一緒に語り合えるよう、私も勉強したいと思います。日本人がしてきたことも合わせて……。

**船橋市　主婦　三〇代**

私の父の年齢は四六歳。その父が生まれた頃、日本は原爆をおとされました。このアウシュビッツのひどい仕うちが、その同時期に行なわれていたという事をこの会場に来て始めて知りました。一言ではいいきれませんが、いろんな意味で哀しかったです。自分が、今、どんなに幸せかと言う事や、自分の無知さを自分の目で見て哀しかったのです。

人の優しさをわかちあって生きていこうとした人々の心をふみにじった人達がいます。「平和」と簡単にいうけれど、その「平和」のむずかしさを感じました。それでも、やはり、「平和」を大切にしていきたいです。

**下関市　森田麻由美　高校生　一七歳**

収容所で行なわれた事は、人がやることではないとみなさんは思われるかもしれないが、その人間をこのようにかえてしまったのが戦争というものであると思う。

もし私があの時代にいたら、今こうして、幸せにくらしている日々はなかっただろう。どうしてあの時、誰かが、あんなことはやめてくれと、言わなかったのだろうか。〝劣等民族〟なんて、どうして唱えたのだろう。そして、誰もそれはおかしいと気づかなかったのだろうか。もうこんな大きな、あやまちをおかさないように強く心をもってほしい。

**那覇市　女・中学生　一三歳**

誰でも、衝撃を受けずにはいられないことは確か。しかし、それをどう受け止めるかが、最も重大なことと思います。これを鬼畜の行為と呼び、ただ非難することに終わるなら意味がない。私と同じ人間がこれを行ない得たということ、また、私たちの祖父たちも、大陸で南方で同様の事を行なってきたであろうこと、またこの同じ罪、同じ思想の種が、私自身の内にも確かにあること等をしっかりとらえておかなければならないと考えます。

私たち日本人は忘れさる事を癒しと考え、救いと考える。しかし本当の解決は、それがどんなに痛ましいものであれ、歴史の事実としっかりと対峙することからしか始まらないことを強く思わされます。日本の国、我々国民は、この意味で真の反省、悔い改めを全く経験しないまま、今や世界で最も傲慢で無知な民となろうとしているのではないでしょうか。

**神戸市　吉田明彦　アルバイト　二七歳**

　なさけない話だが、私はこれだけの写真や遺品を見ても、まだ戦争というものを実感することができない。家に帰れば、いくらでも御飯を食べることができる私には、いくら話を聞かされても、写真を見せられても、飢えというものがわからない。

　それでも、戦争体験者が次々となくなられ、新人類と呼ばれる私達の世代が次の世の中を背負っていかなければならないことを考えると、責任の重さに身がひきしまる思いがする。

**高槻市栄町　男　一九歳**

　このパネルは、人間の物語りであるが、人間は動物や植物に対し、今同じような事をしている。人類の未来社会で、動物や植物と人間の関わりについて、こんなパネル展が開かれるのでは？　そんな思いでみさせていただきました。

**大阪市　教員**

主催＝〈アウシュビッツに消えた子らの遺作展〉を成功させる会
全国後援＝外務省、文化庁、在日チェコ及びスロバキア連邦共和国大使館、ＮＨＫ、チェコ文化庁、ユダヤ博物館（チェコ）、テレジン博物館、日本チェコスロバキア協会、（社）日本ＰＴＡ全国協議会
全国協賛＝安田火災海上保険株式会社

Ruth Heinova（1934.2.19～1944.10.23 Auschwitz）

# テレジン収容所の幼い画家たち展

15000人のアンネ・フランクがいた

1991年４月25日（木）—11月19日（火）全国20ヶ所開催

プラハ郊外のテレジン収容所には、第二次大戦時一万五千人の子どもたちがいた。飢えと寒さ、親から離された淋しさ、死の不安、そのひどい境遇の中で、子どもたちは絵を描き、詩を書いた。粗末な紙切れ、小さな折れたクレヨンだったが。「明日は自由に外を走れるかも知れない」。次々とアウシュビッツへの移送が進む中でも、楽しかった家族団欒の絵を描く時、子どもたちの心はおどっただろう……。しかし、生きて平和の日を迎えたのは、わずか百人だった。

この子たちが生きていたら……。たくさんの素晴らしい可能性が断たれた事実を、戦争の残酷さを、この展覧会はあなたに語る。そして、今、生きていることの尊さを。

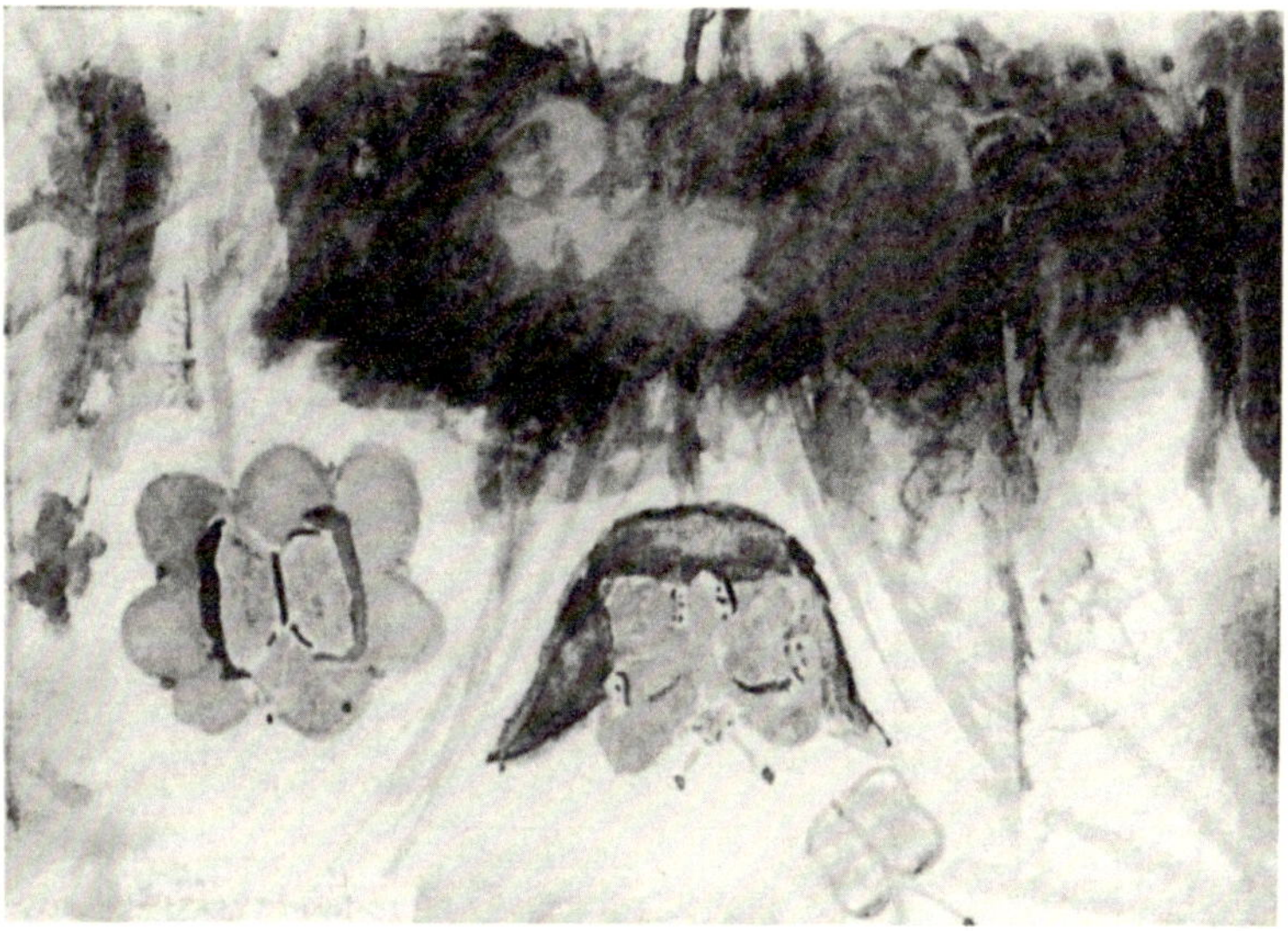

Margit Koretzova（1933.4.8～1944.10.4 Auschwitz）

**（花巻市　八歳）**

外国でも、絵が、じょうずで、日本でも、絵が上手だけど、これは家の中にガス室できえた人たちがかいて、その死ぬまえにかいた絵。でも、死にたくなかったかもしれません。かわいそうですね。

**（花巻市）**

世界には、日本とちがうとてもくるしいくらしをしている人たちが、たくさんいる。ときには、いのちを、おとす人もいる。多くの人をすくうためにやくだちたい。

**（花巻市　八歳）**

子どもたちの絵でいちばんかんどうしたのは、じぶんのかみの毛で絵にかいてわたしだったら紙を書くためにかみのけはとりません。ほんとうにかわいそうでした。みんなたのしい絵をかいてたのにしゅうようじょにいれられてかわいそうでした。

**（石鳥谷町　五九歳）**

同年代であるので、悲しみで言葉がない。

**（花巻市）**

世界全体が平和にならないかぎり、自分の平和、幸福はあり得ないということが、頭の中に再びうかびました。戦争は、絶滅すべきですね、皆の幸福のために。

**（花巻市　一三歳）**

ぼくは、美術（絵）が好きで、いつも、絵になると、むちゅうで描きました。だけど、ピーターギンツみたいにうまく描けません。ピーターギンツという人は、さいのうがあると思います。そして、他の絵もなかなかうま

Raja Engländerová（1929.8.25～現存・プラハ在住）

かったです。そして、戦争がなかったら、みな平和にくらせるし、地球はかいにならなくてもいい。やっぱり戦争はけっしてやらないでほしい。また、戦争にお金をかけるよりも、不じゆうな人や、アフリカ、アジアの人を助けたほうがいいと思う。

**（花巻市　三五歳）**

心の中で、どうしてこんな事がとさけびながら一つ一つ絵を、子供達の歳を見ました。二度とこのような事はしてはいけない。大人の責任を感じました。

**（花巻市　二七歳）**

あまりのできごとで……

言葉がでませんでした。

こんな事があってもいいものなのでしょうか？

自分にも二歳と六歳の子供がいますが、ついだぶらせて考えてしまい、子供達がかわいそうで、こんな事がおこってしまったらと思うと気がおかしくなりそうでした。

つらい毎日の中、こんなすばらしい絵がかけるなんて涙が出る思いです。

**（市内　八〇歳）**

幼い子等が思い出の楽しかった絵や只今の楽しさを精一杯画いて居る間も無くあの世行とも知らず…

噂や新聞で知れば日本人の南京ぎゃく殺があったと？事実かどうかは解らぬが若しぎゃく殺をした人がこの絵を真正面より見れるでしょうか。

**（市内　三一歳）**

悲しすぎて子供にどう話して聞かせればいいのか、わかりませんでした。

これからを思うと、さけてはいけないでしょうね。二度とこのような事がないよう大人である私達から、子供に話さなくてはと思います。

**（石鳥町　五九歳）**

いい絵を見せて頂きありがとうございます。今まで知らなかったものです。見ていて涙が流れました。

**（花巻市　三七歳）**

一九四四年あと一年で戦争が終わる五月と十月に多くの人が、ガス室へ送られ、なくなった事は戦争の悲しみは日本のことだけではなく、世界中の事なのだなとつくづく思いました。

自分の子供も、この絵を作者達と同年令になりつつあり、何と今の生活は、自由で幸福なのだろう。戦争の悲劇は、事あるごとに、子供達へ伝えて行きたいものです。

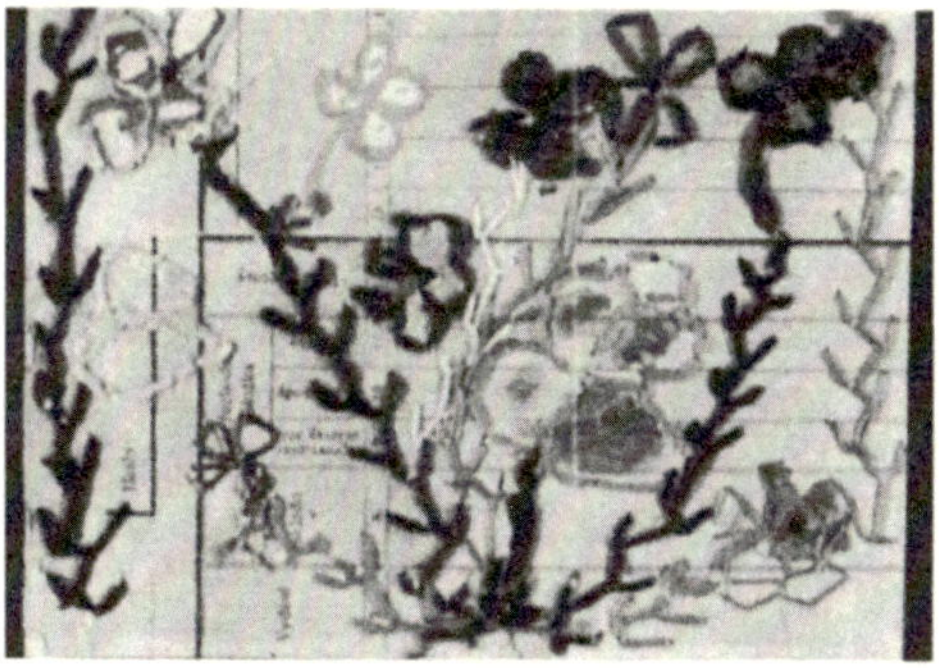

Marika Friedmannová（1932.8.6～1944.10.4 Auschwitz）

「働けば自由になれる」幼い子どもまでが
激しい労働に追いたてられていた

今も当時のおもかげをとどめるテレジン収容所

**（花巻市　一一歳）**

かわいそうだったね。

**（盛岡市　八歳）**

せんそうとかで、しんだ子供たちが、今、しんでいなかったら、たべものをわけてあげたいなと思いました。

**（花巻市　三〇歳）**

両親、家族とあたたかい家で、安定したなにげない毎日が子供には必要でなによりのものであることを感じさせられました。そのためには、大人がどうして、どうあるべきかを考えさせられます。又、それを平和に向けて実行する力と勇気を持つことも思わされました。作者のところに「生存」という文字が少ないこの悲しい事実を受けとめながら――。

**（花巻市　六歳）**

わたしは　かきたいときに　すきないろをつかって　かきたいものをたくさんかけてうれしいです。しあわせとおもいました。

**（花巻市　三〇歳）**

戦争についてあまり知らない私たちの世代は、夏、終戦記念日近くに放映されるテレビを見たり、「アンネの日記」

せんそうにたくさんのひとがしんでとてもかわいそうだったです。

**（盛岡市　三五歳）**

過去の事実を悲しく思う。しかし、過去のことだけではなくこれからも起こり得ることであることを記憶しておくべきである。

子供達の苦痛を表に現さないことが悲惨さを増す。

**（花巻市　三〇歳）**

十六歳と言えばガス室送りにならずにすんだのに十四や十五で命をたたれてしまった少年や少女。食べたいものも満足に食べられず、まだまだ親に甘えたい年頃なのに収容され、死んでいった。幼い子ども達みんな、これからの人生を、大人の勝手で命をちぢめられて良いものでしょうか、今の日本は平和です。でも、戦争が終わって、広島や長崎に原ばくがおとされてからまだたったの五十年足らずです。それなのにもうなかった事のように経済は成長し人は豊になりました。でも地球のどこかでは、こんなに哀しい戦争なのに、こりもせず、くりかえそうとしたり、うえて死んで行く子ども達がいるのに、グルメだ高級至高だと言ってみたり。

大人はかつて自分の子供だったということを思いかえして見るべきであろう。

**（花巻市　三七歳）**

人間を葬り去る人間の行為として恥ずべきもの、それは、戦争です。その中にありながら、人間の人間としてのあくなき感性を、極度な状況の中で、これほどまで表現できるものかと感銘を受けましたし、人間としてのすばらしさを見ることができました。そのすばらしさを十分、開花させることをはばんだもの、その行為にいかりを感じ、平和のありがたさをあらためて認識した。

作者不明

（市内　三八歳）

一枚一枚、見て行く内に涙が止まりませんでした。昨日五時三十分よりテレビで見たりで娘の解説付きでした。

かわいそうでした。


（花巻市　三六歳）

本当にたくさんの子供たちのさけび声が聞こえてくるような絵でした。切々とかいた様子が目にうかび、かわいそうでなりません。今生まれていれば皆　幸福な生活を送っていたのでしょうが。平和を願わずにはいられません。


（花巻市　八歳）

わけも、わからないのに、ろうやにいれられて、食べたいものもたべられなくても、死をちょくぜんにこんなきれいな絵を描いて、その子どもたちがとうとう死んで、でも、おはかもなにもつくられなかったので、かわいそうでした。


（花巻市　五九歳）

とにかく、この様な企画をされることに心から感謝したいと思います。一日も早く、アウジュビッツ記念館が、花巻の高台に作られることを願います。


（花巻市　五七歳）

四七年以前の私と同年代の子供達の絵は、私達が子供の時と同じ、子供は世界共通考える事も同じ現代にも通じる事です。昔話にならない本当に、伝えたい様です。

**（花巻市　三〇歳）**

苦しかっただろうに、こんなにもすばらしい、きれいな絵を描いて、かわいそうでした。とても言葉に言い表わせません。

**（花巻市　四八歳）**

よくこの絵が保存されていましたね、その当時の事がうかばれます。もっとくわしく知る事が出来る様に記念館が早く出来るといいですね。

**（花巻市　四五歳）**

胸がしめつけられるような思いで見せていただきました。

**（花巻市　三六歳）**

皆、すばらしいものばかりですね。かなしい、環境にいながら、自分たちをしっかりみつめてかいていてかなしくなり、涙がでてきそうです。

今の子供たちが、この絵を見て何かを感じてくれればいいですね。

**（久慈市　四四歳）**

感情をコントロールし、冷静な気持ちで見ました。なんということでしょう。一六歳と言わず、一四歳と言っていたら、アウシュビッツ送りとは。

いつも着なれた、色彩豊かな服をぬがされ、縞の服を着せられた。頭の髪の毛もかり取られた。ハットしました。形は違っても、今の私たちが学校でやっていること。

かつての日本もナチスヒトラーに勝るとも劣らないことをした。国民みんな、まきこまれて協力者になった。絵を見ている間じゅう、このことが頭から離れませんでした。新聞も教育も、芸能も、みんな、そんな中で戦争に命がけで反対してきた人々がいた。

今、学校現場では、ものすごい力をもって、「日の丸君が代」の強制がなされています。この次は、「教育勅語」「徴兵制」でも来るのでしょうか。そうならないように全国、世界の人々とともに、少しでも、ふんばっていたいと思います。

今日は、このような、機会を与えて下さって本当にありがとうございました。また何かありましたら、声をかけて下さい。協力します。

**（市内　一二歳）**

なぜ　こんなに子供たちが殺されたんだろうと思った。どうして、殺されなければいけなかったのだろうという疑問が残った。

こんなことがもう二度とおこらなければいいと思った。

**（北上市　四一歳）**

戦争というものを生みだしたのは人間であり人が人を殺すというのは、いつの時代にあっても許されないものである。時代、時代における社会の情勢、人の考え方、行動は違ってくるかもしれないが、人間として忘れてはならない『良心』というものを大事にしていきたい。

**（北上市　九歳）**

私と、同じ年の子がいたので、びっくりしました。まだ、ちいさいのに、かわいそうだと思いました。私は、その国にうまれなくてよかったと思いました。てんじを

エリカ・ストラーンスカー　1930年５月22日生れ（女）
1944年10月23日　アウシュビッツへ（14歳）

してあるので、絵が全部うまいなあと、思いました。

あと、しゃしんで、あかちゃんがいたので、かわいそうでした。親とわかれわかれになっている、しゃしんもありました。死んでしまった子どもたちのおはかがないこともかわいそうでした。

ころした人は、わるい人だと思いました。ほんとうにかわいそうと思いました。

**（花巻市　五歳）**

かわいそうだと、おもいました。

**（花巻市　三九歳）**

暗黒の収容所の中で描かれた絵は、子供の心そのままにこれが今死のうとしている絵なのか、どれを見ても明日を夢みている姿、生きたい、生きていることをあらわしていてとても心にひびきました。

**（花巻市　七歳）**

せんそうでころされていく子どもたちのえがとてもかわいそうだったです。

**（七歳）**

とてもかなしかったです。

**（六歳）**

とてもかわいそうでかなしかったです。

**（花巻市　三五歳）**

何とも言いきれないものです。

人間とは恐ろしいものです。今も差別は残っています。

未来ある子供達はどんな気持ちで絵を描いたことでしょう。今私達の幸福は戦争で犠牲になった人々がいるからあるのでしょう。戦争があった事を忘れないようにしなければならないと思います。

私は戦争体験はありません。

**（花巻市）**

子供と同じ年頃なのに楽しみのない、生まれてきた意味も知らない子供達がかわいそうだと一口に言って、良いのか。何て言ったら良いのかわからない。

**（花巻市　一〇歳）**

紙や、クレヨンや絵の具が少ないのにくふうして、絵を描いたりしていたのですごいなあと思った。子供のころから死んでいくなんて、かわいそうだなあと思った。もし、私がそうだったらいやだなあと思った。

**（花巻市　一八歳）**

ナチスによるガス室でのことは以前、アンネの日記を読んだときに別の本で読んだことがありましたが、そのつらい日々の中で、幸福が来ることを待ちのぞんでいた子供たちの絵には、本当に心をうたれました。私よりもずっとずっと小さな人たちの心には、この灰色の生活がやきついていたでしょう。

色あざやかな遊園地の絵や、髪の毛をはっている絵、どれもこれも、胸をしめつけられるような思いで見させて頂きました。何か分からぬ〝東〟へ送られるかも知れない人達が、こんなにがんばって生きているのですから、私のような本当に幸せに暮らす人間は、わがままを言ったり、人の心を傷つけたり、物や食物をそまつにしたりしてはいけないと思います。もう二度とこんなおそろしいことが起こってはならないと思います。いつまでも平和な世界であってほしい。そう思いました。

**（花巻市　三七歳）**

前日大谷幼稚園で野村路子さんの講演をお聞きしました。今日、実際に、その絵や写真を見せていただき、胸がしめつけられるようでした。明るい色の絵や、楽しそうな絵を見るとかえって子供たちの願いが伝わって来るようでした。

**（花巻市　二八歳）**

実際に、死んでいった子供達の写真を見たのは、とてもショックでした。私も、二人の子供を持つ身として、とても切ない想いで、もう二度と、こんな事が起きてはいけない気持ちです。来て良かったと思いました。

**（花巻市　三一歳・五歳）**

アンネフランクという名前はアンネの日記を読んで知っている、しかし写真、絵で生々しい姿を写し出していることに感動しました。二度とこのような絵を子供に書かせたくないと思いました。

**（花巻市　三二歳）**

とても痛いたしい、絵で心が痛みます。

ブタとかハリネズミまでフォークをさしている絵、チョウになりたいという願望を思わせるような絵、とてもかわいそうです。

このようなことが二度とおこらないようにしたいものです。又、食べ物とか洋服などもっと大切にしなければいけないと思います。

**（花巻市　四一歳）**

テレジン収容所にて描いた子供達の絵を見て殆んどが夢の世界を書いているところから戦争のひさんさを感じます。これを見ることにより戦争のない平和な世界を望みます。

**（紫波郡南村　二九歳）**

この七月に初めて子供（男の子）を出産しました。

ルース・ヴァイッソヴァー 1931年3月16日生れ（女）1944年5月18日 アウシュビッツへ（13歳）

自分の子供をもってみて、今までになく、このテレジン収容所の子どもたちの絵のひとつひとつが胸にささるようでした。

寒さや飢えや孤独や、不安が彼らの絵や詩から伝わってきます。それは、言葉や人種、性別のすべてを超えて、見る者に訴えています。

戦争を知らない私達の世代にとって、何百回戦争の悲惨さを説くよりも、このテレジン収容所の子どもたちの絵を実際に目にすることの方が、素直な気持ちで戦争と向き合うことができると思います。

これからも、もっとこの絵たちが、世界の人々と出会う機会がありますように…。

**（花巻市　三八歳）**

戦争、人種差別の悲劇を感じる事ができました。平和の尊さを願うのみです。

**（花巻市　六五歳）**

毎日、死と隣り合わせの生活をしているのに、よくこのような明かるい絵が描けたものだと感心した。明日を信じ、最後まで生きる望みを捨てなかったのがそうさせたのだろうと思う。幸福に満ち足りた我々の生活を考えた時、ほんとうに申し訳ないような気持ちで一ぱいだ。それにつけても、戦争はにくらしい。絶対にこのようなことが二度とないように吾々は頑張っていかねばならない。

**（花巻市　三六歳）**

う何もしてない子どもたちがたくさん亡くなってしまったなんて平和な日本に住んでいるとわすれてしまいますね。一人でも多くの子どもたちにも見てほしいですね。

**（花巻市　四七歳）**

昨年のアウシュビッツ展も拝見させて頂きました。

八二歳の母と今回見学させて頂き、周囲を走り回る小さいお子さん達を見るにつけても、二度とこんな恐い戦争を私達大人が起こしてはいけないねと話したことでした。記念館建設の方も、是非頑張って下さい。視筆乱文でお許し下さい。

**（花巻市　六二歳）**

なぜ、どうして、いくら、自問自答しても、考えられない、今の私達はあまりにも、恵まれ過ぎているからでしょうか。

私達も太平洋戦争中はずいぶん制限、きょうせい、がまんいろいろ体けんして暮したけど、あまりのことに涙を流して見させていただきました。

平和の有難さを今更の様に考えさせられます。

**（市内　六一歳）**

平和を愛す日本人どこ迄もとは云えない少し見直す所に来たのではないでしょうか世界を見回して手をつなぐよう助け合いの精神をはぐくみたい。

**（花巻市　七二歳）**

戦争の真の姿を見せて頂き有難うございました。何も罪ない子供達それと婦人老人に到る迄収容させ死に追い、その悲惨なる光景を見ると、私達日本人も中国大陸に又アジア諸国に於て行った行為も又大同小異なれども家を焼き食物を強だつし何ら罪ない婦女子を手当たり次弟に殺害した旧日本軍を思い出し、我が非を痛感せられます。

**（二戸市　一〇歳）**

ちいさいおさないこどもたちがしゅうよう所につれていかれてつみもないのにしゅうしょう所にいれられてかわいそうだった。

**（二戸市　一一歳）**

・テレジンしゅうようじょで、三段ベットに全部で一五人ぐらいも、はいってねていたので、きのどくでした。

・しゅうようじょで、なにもしていないのに、なぐったりどなられたりされているので、いまうまれてきてよかったと思いました。

・どうしてそんなことをしたのかなあと思いました。もう二度とないといいです。

**（二戸市　一二歳）**

なにもしていない子供がたくさんつかまっていて、木でつくった三だんベットに五、六人いれられたりして、つかまった子供が、たのしかったことやかなしかったことをおもいだしてかいていたし、たのしい絵はせいいっぱいかいていたし、二さいくらいの子供から六十さいすぎるくらいの人までつかまっているのでとてもかわいそうでした。

**（二戸市　二八歳）**

今日は、五、六年の子供たちをつれて、学校の休みを利用して来ました。学校でも戦争と平和の学習をしていますが、今回の展覧会を見て、みなショックをうけたようです。日々接している子供たちと同じぐらいの子供たちの絵、心を想像するだけでも、あまりあります。

子供たちの死の意味が、より多くの人々の胸に届くことを祈りたいと思います。

**（二戸市　一二歳）**

テレジン収容所の幼い画家たち展を見て、ぼくは、まず、きのどくに、思いました。第二次世界大戦とうじにユダヤ人が、たくさんころされたことは、知っていました。ドイツ人が、ユダヤ人を、テレジン収容所をはじめ、多くの収容所で、殺していました。同じ人間なのに、どうして、こんなことをやるのかなと感じました。同じ人間から、自由を取り、けんりをうばう、これは、どんな犯ざいよりも、重く、じゅう大なことです。

**（市内　四二歳）**

立派な絵と写真です。

**（市内　七七歳）**

すばらしい展示会です。

**（市内　五八歳）**

平和な国に、そして平和の時代に生まれたことをうれしく再認識させられました。

夢のある絵ほど涙なしには見られませんでした。

**（市内　六〇歳）**

戦争はいやです。小さい命さえうばう、みんな幸をむしりとる。

**（市内　六三歳）**

平和自由本当に有難いと思います。こんな事二度おこらないよう祈るばかりです

**（花巻市　二五歳）**

私達は平和な時に生まれてよかった！と思いました。

**（花巻市）**

戦争と言う言葉はいやなものです平和な国になってほしい。戦争のない国になってほしいと思いました。

ヘルガ・ヴァイッソヴァー（現ホシュコヴァー）1929年11月10日生れ（女）生存　プラハ在住

（石鳥谷町　二七歳）

すごくショックなことです。今の生活をしている私達にとって、想像しにくいことです。同じ人間なのに生まれた時代が違うというだけで、とにかく心あらため、毎日を一生けんめい生活し子供を育てなければと思いました。

（花巻市　六二歳）
日米開戦五十年に当りナチの行存は憎むべきものがあるが併せて日本人の中国人に対する行為をこの際にお母さん方も反省してみる必要がある
戦争をたいけんしない私や私の子供たちもいろいろ考えさせられました。

（花巻市　五八歳）

見せていたゞき感動しました。

今自分達が不自由なく生活している事に感謝の気持ちで子供達にも話して行きたいと思います。


（花巻市　三八歳）

中学の時「アンネの日記」を見たことぐらいで、戦争で、ユダヤ人が不幸な日々を送っていたことは、知りませんでした。今、雑誌でも、収容所へ送られる子どもたちと、共にいた先生の話を見ました。どこの国でも、不幸なできごとばかりだったでしょう。

沢山の絵を見て、苦しみながらも、けなげに生きた、幼い貴い生命の証が確かにあることを見ました。平和を守っていく強い勇気の支えにしなくては。


（花巻市　三七歳）

昨年もアウシュビッツ展を見ました。

花巻でこのような貴重な遺品をみられるとは考えてもいませんでした。私も三人の子供の母親です。一二歳、一〇歳、六歳の子がいます。

きょうの絵の展示をみて、我が子らの絵を見ているようで涙ばかりでました。こんな悲しい思いを、現在も将来も、これからずっとずっと、こんな悲しい戦争はしたくないおこしてはいけないと強く思います。

ぜひ、花巻の地にアウシュビッツ記念館ができますように。長く子供らに教えてゆくことができますように。


（花巻市　四三歳）

戦争は弱い子供、女性達が一番いたいきず後になっていると思います。

八歳～一四歳頃の一番、遊びたい時期、のびのびと育つ時に収容され、それでも、夢のある絵に出会いおどろきです。また暗い絵を見ていると、その子供の悲しみ声が聞こえて来るようで、すいこまれます。

今の私達は、何が大事で、大切かという事を忘れているような気がしました。


（花巻市　六歳）

かわいそうでした。子どもたちになぜおはかがないのですか。


（花巻市　三二歳）

同じころの子供を持つ親として胸をしめつけられる思いがしました。二度と同じ様な事がない様にいのります。

ヨセフ・ノヴァーク　1931年10月25日生れ（男）1944年５月１日　アウシュビッツへ（12歳）

（石鳥谷町　二八歳）

ほんとうに今の時代に生きていて何不自由もない生活があたりまえのように思っている中でこんなにも不幸なできごとがあったとはとても考えられないことです。収容所の子供達の絵を見てあれだけで終わらせたくなかったと胸が痛みました。

（石鳥谷町　八歳）

さむい中でもうふ一まいで、ねているなんてとてもさむいんだろうなとおもった。

（花巻市　九歳）

絵には、自分の今やりたいこと、こうだったらいいなあとゆめなどが描かれていました。

こどもたちのおはかはなくてかわいそうでした。

戦争はこわいなあと思った。

（一関市　二五歳）

今、学校の授業で、ナチス＝ドイツをやっているところなので、大変参考になりました。人間は何回も同じあやまちをくりかえすものですが、ヒトラーの取った行動は二度と、起こしてはならない、良識のあるドイツ国民が起こしたあやまちを、全人類は起こしてはならない。平和ぼけしている日本人に対して言いたい。

（花巻市　三三歳）

子を持つ一人の現任として、又、平和を願う一個の人間として、改めて、二度と戦争を行なってはいけない、そして現在世界の国で戦争があったという事実を非現実的な立場で見て来た自分がとてもはずかしく思えました。

万国共通、世界中の人々が平和であって当然のことなのです。

戦争の犠せいになった方々のことを思うと胸が痛みます。今回、二度目の開催にあたられる訳ですが、平和を願う意義として、とてもよかったと思います。

**（水沢市　四八歳）**

昨日　朝日新聞でこの展示会のことを知り是非見たくて、今日10／23知人たちを誘ってきました。

このような悲さんな事が過去にもあり又、現在にもあることを思い、本当に神様っていらっしゃるのかとつくづく思ってしまいます。でも、これは神様がなさっているのではなく、人間がやっているのですものね。

私達は、本当にどうやって生きたら、この世を救えるかと涙が出てきてなりませんでした。

**（花巻市　七歳）**

しんだ子どもたちのはかがつくられていなかったのでかわいそうでした。

絵はどれもじょうずでした。わたしは、いつもねる前にかみさまにせんそうがありませんようにと、おいのりをします。わたしは、せかいじゅうのみんながせんそうをしないといいなあと思います。

**（四七歳）**

「夕陽が落ちる頃、鳥たちがねぐらへ急ぐ、家の煙突から夕餉の煙が立ち昇る」子供たちは描きながら一瞬自分たちもその瞬間にいるかのように思ったに違いありません。現実と戻った時の孤独と不安はどんなだったでしょう。

どの子の絵も自分たちの思い出に焼き付いている情景が表現されていて、胸が痛みました。こんな理不尽さがまかり通っていたということを、平常の世にいる私たちは想像しなくてはならないと思います。

**（盛岡市　四四歳）**

四七年前の十月二三日の今日にアウシュビッツへ送られた子供たちのことを考え、涙ながらに見させて頂きました。絵を書いた時にきっと、その絵の中へ花や蝶や鳥や家や、親や、兄弟を想った様にきっときっと飛んでいったんだろうと想い又、目がしらが熱くなります。どんな理由があれ戦争は反対です。いつも、子供たちが犠牲になるから。

**（花巻市　十一歳）**

私が、かいている絵よりも上手なのがあったし、楽しかったころのことをかいてあって、とてもよかった。

私は、こんな絵の具などでかかなくても、こんないいえがかけるとは、思わなかった。

**（花巻市　三四歳）**

私達には想ぞうもつかないほどの空腹の中で、これだけの絵を書いたことはとても大変なことだったでしょう。

セーターの袖やすそをほどいたり、また髪の毛を使ったものもありおどろきました。

今後こういうことはあってはならないことです。

**（盛岡市　三四歳）**

絵の中から子供たちの魂が呼びかけている様です。

ソニャ・シュワルツォヴァー 1926年9月21日生れ（女）生き残ったが……？

彼らは、今尚終わる事のない人間の欲望や憎しみに啓示を示しているかの様です。

今子供たちにしてやれる事を殺し合う事のない未来を そして安心して住む事のできる大地を、今子供たちに…。

子どもたちが求める平和、暖さが切々と伝わってきます。今の子どもたちには、決して、味あわせたくないものです。そして、テレジンやアウシュビッツのような出来事を風化させることなく平和の為に伝えていき、常に考えさせたいものです。

**（花巻市　四九歳）**

絶望的な状況の中で、これだけ多くの絵を描いたり、詩を書いたりすることができたこと、そのような状況を作った人達が居たことに感動を覚えます。同時に戦争をにくみ、平和の大切さを改めて感じさせられます。

**（花巻市　三五歳）**

あまりにも多くの子供達が戦争の犠せいになり、涙がでます。

二度とこのような悲劇をくり返してはならないということを子供を持つ親として、長く子供に言いつたえなければ…と思います。

**（花巻市　九歳）**

かわいそうでした。

**（市内　五四歳）**

私は一九三七年の生まれです。私と同年令位のユダヤ人種の当時（七歳）子供達にどんな罪があったのでしょうか。戦争の恐ろしさをまた思い出しました。この平和の時代を大切に生きたいと思っています。

（二一歳）

息が肺の中にたくさん入らないです。胸がつまるとは、此のことなのでしょうか。

保母に成ろうと勉強していたときたくさんの子供と遊んだりする機会はたくさんありました。一緒にいれることがたのしくて幸せでした。

でも、この子供たちの絵をみても写真をみても文章を読んでも胸がつまるだけです。

知りませんでした。何もかも。

子供たちが天国へいって大好きなアイスクリームやおいしいシチューをおなかいっぱいたべてたのしく遊んでいることを願いたいです。

貴重なものを見せていただき本当にありがとうございました。

（二一歳）

私には想像もつかない世界です。何の罪もない子供達が、このようなかんきょうで暮らさなければいけないなんて…。

RAJと書かれてあった絵を見た時はなんとも言われない思いになりました。

（花巻市　四三歳）

胸がしめつけられる思いで……見終りまた今、平和と云う世界の中にトップリつかりすぎて、何が幸せなのか気づかずに過ごしている子供達に、わかって欲しいと思います。この収容所の中の子供達がえがいた。小さな小さな幸せの思いを…

（市内　一六歳）

子供たちが、何も知らされずに日々を生き、大人たちのつごうによって殺されていきました。

純粋な子供達の命の輝きであるこの絵を、アウシュビッツの大人たちはまともに見ることができたでしょうか。

子供達の墓はない、といいますが、子供達の魂は、それぞれの絵の中にしっかりと刻まれているのだと私は思います。

〝大人にあやつられた子供達〟今後はそのようなことが起きないことを望みます。

（花巻市　三六歳）

テレジンに行かずして、この様な貴重な作品＝歴史を見れた事に大変感謝致します。

ユダヤ人のこの歴史は「ホロコースト」のTV上映でも大変ショックを受けました。しかし、今日の「幼い画家たち展」での「…年アウシュビッツへ」の言葉に心痛みます。

日本でも原爆や空襲により幼い命や多くの人達の命が消えてしまった過去を持っています。なのに、又、戦争をしようという気配がいつも漂っています。戦争をくい止められるのは、子どもではなく大人の私達自身だと強く思います。この思いを、子に伝え、その子が大人になったら又、子に伝えていかなければと思います。私も絶対に戦争は反対です。

ドリス・ワイゼロヴォー 1932年5月17日生れ（女）1944年10月4日　アウシュビッツへ（11歳）

**（花巻市　一一歳）**

戦争のために、ユダヤ人が収容所につれていかれ、次々と殺されていったので、かわいそうだった。

この絵などを見て、戦争なんて、今すぐにでも、やめてほしい。そして、もう、これからは、戦争を、おこさないようにしてほしいとつくづく思った。

**（花巻市　九歳）**

もう、こんな、人をころしたり、するようなせんそうは、やめてほしい。

**（盛岡市　一九歳）**

みんな一四歳以下の子供たちが描いた絵だと思うと涙が出そうになりました。つらい生活だったはずなのに楽しそうな絵がいっぱいあって、つらい中でも子供たちは、いつも夢を捨てなかったんだ、と思いました。

数々の貴重な絵を観ることができてほんとうに、わざわざ来たかいがありました。

**（盛岡市　二〇歳）**

思い出や希望を、文や絵を通してしかかなえられなくて、楽しい世界を二度と見ないままに死んでいった子供たちが思い浮かびます。生きていたら、どんな人になっていたのだろう？と考えると、あんなに多くの子供たちの命が奪われたことが本当に残念で、腹立たしいことです。世界の人々が、当時の惨事を心に留めておけば、もうあんな悲惨なことは起きないでしょう。

**（石鳥谷町　一〇歳）**

とても感どうてきで、心にのこると思います。こういうてんじ会もいいものだと思います。なぜこんなことがなどとも思います。これから平和でいたいですよ。
・むごい事をしたものだ――非人道
・坊主にくけれケサまで
・子どもは地球の宝――何時の時代も
・独裁者は何時も非人道に走る。

**(花巻市　五六歳)**

私と同年輩の人達が焼殺された事は色々の記録、書物では知って居り、戦争の代償は罪もなく関係のない老人婦女子がギセイになる悲さんさを一部分としてこの展示場で読みとることが出来ます。

若い人達の多くが見てほしいものです。

**(市内　六三歳)**

何んのつみもない幼い子供達の命をうばった戦争のおそろしさ私と同年位だった事を考えると、今後、二度と戦争はしてはならない。

**(田畑村　二八歳)**

生きるのがやっとで夢も希望も失われたような収容所で、しっかりした絵が、たくさん書かれていたのは驚くべきことである。自分らしさや生きたいという気持ちを表現することを忘れられず、髪の毛や、服を切り裂いてまで表現する。すさまじさ…。

今、私達は食物が、あることが当たり前で絵の具だって何だってあるのに、何かをしようとする気持ちや、感謝の心を忘れてはいないだろうか。

**(花巻市　三一歳・五歳)**

収容所でなにも絵の道具がないのにもかかわらず、いろんなものを使い工夫して描いていることに感動しました。

今の時代、者がいっぱいありちょっとなくなるとすぐすてることが多いので子供たちと一緒に、大事にしていきたいと思います。

**(花巻市　九歳)**

わたしは、しゅうようじょは、どんな所なんだろう。と思いながら、えや文を見ていました。とても、かわいそうでした。

**(花巻市　三一歳)**

私達が想像もつかない程粗末な収容所の中での生活の中にいても子供の中に持つ未来や夢やこわしてはいけない自由や希望、本当にこの世の中で一番大事な事は何か？ということを考えさせられました。

**(花巻市　四〇歳)**

新聞を見てここに来ました。人間てざんこくな事が、平気で出来るのでしょうか。

**(花巻市　五〇歳)**

①優しく、やわらかで、自由な子供たちの悲しい絵―は貴重な歴史の祈念…
②誰もが（人類の一人一人が）必ずみて、反省してみるべきもの

**(花巻市　三三歳)**

40数年の時を経た絵の中から子どもたちの声がきこ

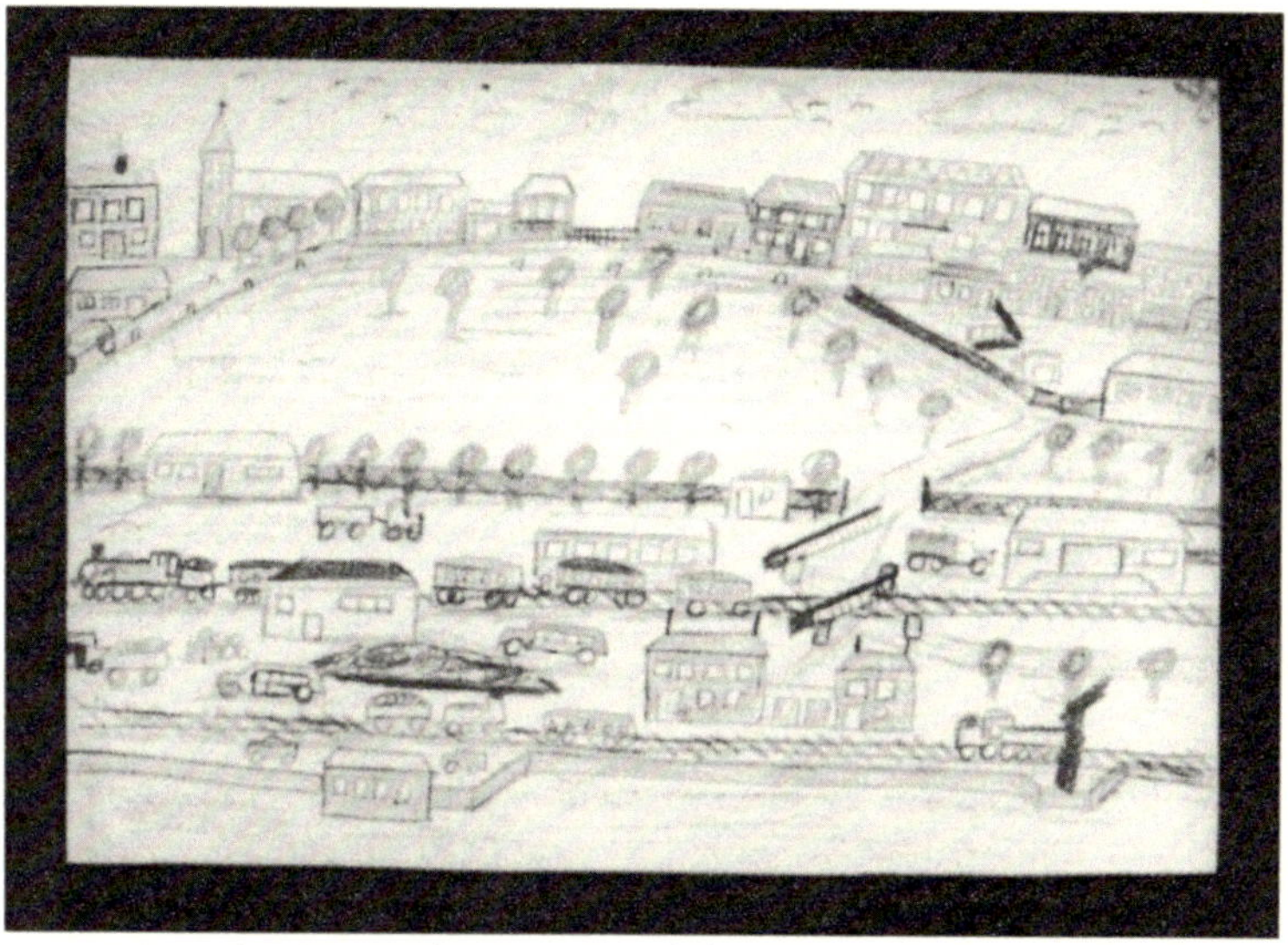

ヨセフ・クラウス 1931年8月6日生れ（男）1943年9月6日　アウシュビッツへ（12歳）

えてきそうです。自分も我が子を持つ身になり改めて平和を求めていくことの大切さを感じています。

（星が丘　一〇歳）

たくさんの人たちが、ガス室でころされていってとてもかわいそうでした。

そして、とても平和な時をむかえられなかった人がかわいそうでなりませんでした。もし、わたしがそこの国の人だったらきっところされていたでしょう。

私は、戦争が大きらいです。

今日は、とても勉強になりました。

（星が丘　七歳）

どうして、ゆだやじんを見て男の子や女の子のかみのけをきったりころしたりしたのかなぁと思いました。とてもかわいそうです。もしわたしがころされたり、おかあさんとはぐれたら、わたしはとてもかなしいです。戦争はとてもかなしいことです。

（花巻市　三〇歳）

今のような平和な時代には想像もできないようなことが現実にあったんだなあと胸がしめつけられるようでした。私たちはふだん何げなく暮らしていますが決して忘れてはならないと同時に、改めて平和の大切さを感じました。

（花巻市　一六歳）

私と同じ時、もしくは若い人達が、ヒトラーによるナチスドイツのえじきになったことが残念です。

せめて、第二次世界大戦が起こらなければ……と考えさせられる今日のきかくでした。

人間、「PEACE」が一番のしあわせです。

平　和

**(市内　三〇歳)**

絵を見たことにより新ためて戦争の悲惨さを思い知らされました。もう二度とあってはいけない戦争、心の底から世界の平和を祈っております。


**(花巻市　二一歳)**

絵を見ていると普通の子供達が希望を持って生きている様子がうかがえます一二歳ぐらいのまだ子供なのに、悲さんな生活の中でこんな絵が書けるなんて今の私達の生活からは想像もつきません、この様なことがあったということを、忘れないでいたいと思います。


**(花巻市　一四歳)**

ここに展示されていて、私がみたものは、ほんの少しのことだと思う。だけどこれだけで、戦争というものの重みが伝わってきて、こわくなった。

私だったらきっと、現実の暗い絵しか書けないと思った。そして、暗い屋根裏でこの絵を書いている人達の姿がうかんできた。

私は、どうすればいいんだろうとしか考えられなかった。


**(花巻市　三二歳)**

花巻で開催してくださり、ありがとうございます。

闇のような、ひどい時代と世界の中で、幼い子供達やそれを見守っていた大人達の心が、これらの絵からあふれでているのを感じます。どんな人生の中でも絶望に身をまかせず、希望をあおぎつづけたこの人達の魂は、きっと天国へ導びかれたことと思います。反して、時の支配者だった人達のなんてひどいことでしょうか。人間が何を最も大事にすべきかを教えてくれるような気がします。

また、この人達の思いが大きな要因の一つとなって建国されたイスラエル国が、この展示会ではないがしろにされていないことを知り、ほっとしました。湾岸戦争でも、それ以前の戦争でも、子供達を憎しみにかりたてているのは、アラブの偏狭な指導者達でした。イスラエルの子供達にも、アラブの子供達にも、他の子供達にも、戦争や憎しみのない世界を残してやりたいものです。今の日本も、精神的には、かなりせつな的なひどい状況だと思います。もっと多くの人達が、この展覧会に来て、人間が大切にすべきことのメッセージを受けとってくれるといいと思います。ユダヤ人は、他の人達以上に、そのことを身にしみて知っている人達だと思います。杉原さんのような人達のことも決して忘れないのがユダヤの人達だそうです。「日本アウシュビッツ記念館」も、そのような、希望に心をむける面をもっと強調して、「日本アウシュビッツ・ヤドヴァシェム記念館」としてはどうでしょうか。


**(花巻市　三七歳)**

大変、ショックを受けました!

飢えと自由に生きたい思いが、ひしひしと伝わってきて……。ひとときの絵をかく時間が本当に幸せだったとは思えません。

生きる希望もあったとは思えません。子どもたちには、すべてわかっていたのではないかと思うのは、私のおごりでしょうか……。知人から、券を頂き、寄ってみることができ、心から感謝しています。亡くなった子どもたちのごめいふくをお祈りするとともに、世界平和を願い幸せをかみしめたい。

**（花巻市　一三歳）**

子供達の絵が、「生き続けたい」という願いを伝えていました…。特に楽しそうな明るい絵は、「生きぬいてまた遊びたい」という心の叫びを表しているようで、胸がしめつけられるようでした。今の私達の暮らしとは、とても比べものにならないほどです。戦争はくり返してはならない…正義の戦争なんて、ありえないのですから…。とても悲しい運命の人達だったと思います。

**（市内　五〇歳）**

幼い子供達のどんなにか淋しい悲しい日々……思う時、体中が、ふるえてくるのを覚えます。

この子供達を救ってあげたい、そして、これからの子供達が、こんな悲しい人生を送る事のない国になる様に何か一つでも。

**（市内　二六歳）**

絵を見た瞬間何とも言えない感じがしました。戦争のおそろしさ…私は体験したことはないが、毎日どのような気持ちで一日一日を過ごしていたのか？私にも三人の子供がいますが何につけ比較すると恵まれていると思います。（生活、食物、環境）正直言って絵を見ても反応はなし（四歳）土台…まだ理解できる年ではありません、あと十年もたてば、戦争のおそろしさとか体験はしてはいないことがわかるかもしれません、一言では書ききれない思いがあります…生々しい絵どれも何かを訴えているような気がしました。

**（市内　一四歳）**

同じ年の子供や一〇歳以下の子供たちが弱って死んでいくなんてざんこくだと思いました。たくさんの子供たちのかいた絵…今の私は本当に幸せだと思います。みんなみんな、幸せの日々を夢みていたんだなぁと思いました。たしかに人種差別はひどいことです。今の時代があのアウシュビッツのようだったら…今の平和な時代にとっては考えられません。もし自分が、そういうめにあっていたらきっと、死んでいたと思います。〝死ぬか生き残るか〟とせんたくされれば、よく食べる私ですから、きっと死をえらぶと思います。思い出の少ない子供たち、ずっとずっと夢をみてきた子供たちの家にかえれず、死ぬまで、親の顔をみれずなにもかもそまつで、どれくらい苦しかったかよくわかりました。今、生きている人（生き残った人）はどれくらい幸運だったか…と思いました今日みたえはきっと、ずっと忘れず覚えてると思います。

**（花巻市　二四歳）**

戦争のない時代に生まれてきても、戦争のあった時代のことを忘れてはいけないと思います。今は物が豊で何でもむだにしていますが、もっともっと物や食物の大切さを子供も大人も自覚しなければならないなあと思いました。けっして、楽しい日々ではないはずなのに子供達の絵はのびのびしていて、こんなにつらい日々の中でも子供の素直な気持ちは絵と一緒に残っているんだなあと思いました。たとえ戦争のない時代でも物を大切に粗まつにしてはいけないことと戦争のあったつらい日々を過した人達のことを決して忘れてはいけないと思いました。

**（花巻市）**

ようやく秋雨も去って秋晴れが続くようになりました。先日は、入場券を送っていただきましてありがとうございます。主人と娘が観に行ってきました。「どうだった？」と聞くと娘は、「本当にかわいそうだったよ」と言っていました。戦争のおそろしさ、かなしさを感じたようです。この子供達が大人になる頃もきっと平和が続いていますように……。

**（市内　六二歳）**

第二次大戦を身をもって経験し、今、平和？に暮らしていますが、子供たちの気持はいたいほどわかるつもりです。本当に世界中の人たちが仲良くしていくためには何をしたらいいのか……本当のいみで。

**（花巻市　五三歳）**

未来の子供に戦争のおそろしさを一層、強く知っていただきたい。

**（四七歳）**

あまりにも、幸せな時代の時に、この様な可哀いそうな子供達の絵を見て、びっくりしました。今迄テレジン収容所に沢山の犠牲者がいたんですねえ、幼いながらも、生命あるかぎり、一生懸命絵をかいたかと思うと、可哀いそうですね沢山の人たちに見てもらいたいです。

**（市内　六九歳）**

一〇歳にもならずにガス室に送られた子供の気持ちを思ふと胸がつまります。又殺した人が憎いです。

**（北上市　五〇歳）**

人間を虫けらのようにころす事、むごい事です。

**（花巻市　二三歳）**

湾岸戦争でさえＴＶゲームのような感覚でとらえてしまう私達にとって、この企画はおそろしいほどリアリティを持って迫ってくる。「そう、これは歴史の事実なんだ」とあらためて胸にきざんだ。

たくさんの人達、特に「戦争を知らない子供達」という歌さえ知らない若い人たちに見てほしい。

**（花巻市　三七歳）**

子供達には夢を
女達には愛を
老人にはやすらぎを…。
そんな世の中の続くことを願ってやみません。

**（花巻市　三三歳）**

戦争のない時代、戦争がおこらないよう、願うものです。自分の子どもが、もし収容所に入れられたら……、自分の子どもも、他人の子どもも生きているのです。人をきずつけない子供に教育をしたいです。あんまり、人が人をキズつけるのは悲しすぎます。

（花巻市　三二歳）

限られた画材で、夢や現実のことを自分なりに、絵に表現している。今は紙やクレヨンがたくさんあり失敗するとすぐポイ！もののありがたさをどうしたら子どもたちにわかってもらえるか、いろいろ経験させたいと思うがそんななかで我慢すること――戦争という体験でなく、平和の世の中でもわかる子どもに育ってほしいと思います。

（花巻市　一一歳）

同じ子どもなのに、どうしてこんなにちがうのかふしぎです。私は、親とはなれてくらしているというのもしんじられません。とてもかわいそうです。とってもしあわせな今を、戦そうでよごしたくはないのです。戦そうを二度とひきおこしたくないのです。

（花巻市　三七歳）

収容所の中で、子ども達は何を考え思いをこめて絵を描き続けたのか胸が痛いほど伝わってきます。戦争がどんなにおそろしいものなのか、子ども達にも伝えていかなければなりません。この絵を見ることで一人でも多くの子ども達にも、感じてほしいと思います。

帰って近所の人、職場の人、そして子ども達にもぜひ見てほしいことを伝えようと思います。

（紫波町　二五歳）

極限状態、生と死との境目とも言いえるところで生き生きした絵が書けるというのは、やはり第一印象としてはおどろきであった。最初の写真（人の顔）と文章、最初の絵とのギャップがあまりにもあったからだ。写真の中の顔をした（とても生きているにしては寂しく、うつろな目、顔つきをしている）子供が、明るい絵を書いている。

確かに、収容所を思わせる絵はあるけれど、家族とのだんらんや遊園地での思い出、自然に囲まれたものなど、その環境とはかけはなれたものが多い。

ふだん、生きること、食べること、家族がいること、家があることに何も不思議に思わない今の自分には、何か反省させられるものがあった。特に、豚や、ハリネズミや鳥にフォークをさしている絵には…。

（花巻市　一四歳）

私と同じ位の年、それより小さい子が罪もなく殺されて、本当にかわいそうだった。しかし、現実にこんなことがあったんだと忘れてはならない。二度とくりかえさないためにも。オランダに行った時、アンネ・フランクのかくれ家を見た。ユダヤ人が解ほうされた時のやせほそった女の子の絵が今でも忘れられない。

（花巻市　三八歳）

我が子が、そしてまわりの子どもたちが、今また将来、このような目に会ったらと思うと、胸が痛く涙がでそうでした。子供に何のつみがあるのだろうか、このようなことが二度とおこらないことを、あらためて思います。

**（花巻市　五九歳）**

今此の時ほど平和のありがたさを感じた事はありません。二度とこのような悲しい事がおこらないように、いつまでもこの平和が続きます事を心から祈ります。

**（花巻市　四一歳）**

戦争が子供達の夢を奪うことは悲しいことですね。

**（花巻市　五七歳）**

絵の作者の中に私と同じ一九四三年の人が居ました。私は息子を最近なくし昨日も親類の人が同じ病にて世を去りました。本当にむごいこととと思って居りましたが、この絵を見てもっと残こくなことがあることを知り命を大切にしなければと、世界の平和を願わずにはいられません。

**（石鳥谷町　二六歳）**

どんな内容なのかわからないまま知りあいの人から聴いて、絵を見るという感覚できたのですが、なんと胸がつまる様な思いがしました。子供に、こんなことがあったなどと信じられません。言葉にはできないほど苦しくなります。

**（石鳥谷町　二七歳）**

こんなにすばらしいものを多くの方々、お母様たちに見て欲しいと思います。平和すぎて、まひしている人間、私は頭をたたかれた様なショックな気持ちです。

物質的に豊かになって行く世の中で本当の意味での幸福を子供に教えていきたいと思います。

**（花巻市　二九歳）**

毎日が楽しかった思い出だけを胸に短い人生を送った多くの子供達、余りにも悲しく同じ人間として絶対くり返してはならない戦争を、明るく、すなおな絵で見て逆に強く思いました。〝アウシュビッツ〟とはよく聞きましたが、余り深く知る機会もなくすごしましたが、戦争のむごさ、命の尊さを深く感ずる一日となりました。すこやかに眠られる事を祈ります。

**（花巻市　三二歳）**

この展示を見る前に路子先生の講演を涙を流しながら聞いてきましたが、実際に展示を見てあたらめてその深い悲しみが伝わってきました。

今の日本人は物質的にも恵まれ、自由な生活をしていることを幸せなこととも思わず、心の貧困な人達が増えているような気がします。

私自身、今こうして親子一緒に生活して生きていることを本当に幸せなことだと認識し一日一日を大事に生きていきたいと思います。

今日は子供たちをつれて見にきました。まだ小さい子は意味もよくわからないような感じでしたが、雰囲気からでも感じとっていたようでした。

「こわいね」とは息子の一言でした。見ていく内に戦争は悲しいとつくづく思いました。

**（花巻市　四五歳）**

戦争の悲惨が痛切に感じられます。

写真や絵を見て、平和の尊さを一層強く考えさせられました。

　素晴らしい企画だと思います。

**（陸前高田市　六七歳）**

　有りがとうございました。

　いま当り前のように暮らしている子供たちの仲間に、かつてこんなおもいをしたことをぜひ知らせてやりたい。平和こそ、かけがえのないいのちの源泉ということ。涙があふれてなりません。

**（花巻市　一五歳）**

　幼い子供達が描いた絵の中に、本当の髪の毛を使った作品がありました。

　自分のだとしても、他の人の髪だとしても、月日がたってからも自分達の体の一部が残るのはとてもすばらしいことではないでしょうか。これからもこの絵と犠牲になった人たちのことは決して忘れません。

**（四三歳）**

　ガス室に送られたのが皆一四歳未満の子供達、ちょうど私の子供達と同じくらいです。

　今の子供達は、食べられるのは、着られるのはあたりまえの様な生活をしています。かく言う私もそうなのですが、二度と戦争は起こさないように、今、戦争している国々に、早く平和が来ますように。

**（陸前高田市　六四歳）**

　こんな事がほんとうに有ったのだろうかそんな気持で一杯です。家の孫達を比べ…………。いだったでしょう。戦争は絶対いやです
**（陸前高田市　五五歳）**

　暗い希望のない生活の中で寂しさはあるが、とても柔らかい感じの絵、「生きる、今、今、を生き切っている」ことからの現れなのでしょうか。どれを見ても静かな感動を覚えます。そして、絶対に平和の灯は消してはいけない、この子供達と同じような思いは絶対にさせてはいけないと強く感じました。なにもわからずガス室に送られて行った人達のためにも一日一日を大事に生き、戦いの恐ろしさを教えて行かなければならないと思う。

　有意義でした。

**（一五歳）**

　私が今まで知らなかったことで、これからもっと知らなければならない、考えなければならなことがたくさんあったような気がします。

　本当は見たくないような怖いものが多いけれど覚えようと思います。

**（花巻市　二四歳）**

　今は、何とも思わずに毎日暮らしてはいても実はこういう事は過去のものではなく、非常に身近で、恐ろしい事だと思います。絵を見ていると、あたたかい家へ帰りたい、平和な生活へ戻りたいという、子供の気持ちが伝わってきて、切なくなります。

　こういう事があったという事実をしっかり胸にきざんで、今の大人も子供も、又、将来生まれてくる子供達に

切だと思います。各地で、いろんな方々にも是非見て頂いて、何か感じ取って欲しいと思いました。

子供達を死に追いこんだ戦争がとてもニクイ

日本もこんなことをしたと云うのですが

どうでしょうか

**（北上市　九歳）**

・みんなどれも絵がじょうずだった。

・子供たちのお墓がなくてかわいそうだった。

**（花巻市　一五歳）**

今の自分の生活とはぜんぜんちがうかんきょうだったんだなぁと思いました。

ユダヤ人というだけで子供が殺されるなんてこれを考えたナチスの人はそうとうくるっていると思います。

**（花巻市　五五歳）**

どんな人間、どんな民族でも、誰もが差別することが出来ないのだ。振り返って我が身を考えるに平和の有難さ尊さを痛感する。平和過ぎる我が国（日本）大いに考えさせられました。

**（花巻市　一四歳）**

同じ人間なのに、ユダヤ人だけ、差別されて、すごくかわいそうだった。でも、それ以上に、そんなことをする人がにくくてたまらない。

子どもの絵では何を言っているかわからないのもあるけど楽しかった日のことや、何か、心にひびくものがあった。

**（花巻市　八歳）**

女の子も男の子もまるぼうずにされてとてもかわいそうだと思いました。もし、私がまるぼうずにされたらとてもいやです。それに、一日のごはんは、くさったじゃがいもと、コーヒーとよばれる黒いえきたいだけなので、とてもかわいそうだなぁと思いました。

**（北上市　三九歳）**

大部前にNHK・TV「ミッドナイトジャーナル」で、野村さんが、このテレジン収容所の子供達の絵の事を話されていて、機会が有ったら是非足を運びたいと願っていました。

子供達の描いた絵は「子供らしい」中に辛くかなしく強く強く訴えるものがあり両足を踏んばって見ないと圧倒されます。こういう歴史を経て来て、今現在なおも、人間は、戦いを繰り返しています。

二一世紀に、はたして何を残そうとしているのでしょうか、人間は。

**（北上市　四二歳）**

どんな言葉も、浮かばないような、圧倒される存在感!!二度とこんなことを、やってはいけないと肝に銘じて帰ります。生きているだけで、すばらしいことと訴えているのです。

**（北上市　四十代）**

戦争時中なので色数も少ない。

又、黄色が多いのはレンガの建物の事でしょうか。

考えれない絵ですが、前回は現物を目の前にして、二

〜三日心がこわばっていましたが…。

**（和賀郡東和町　一四歳）**

この絵を見にきたのも、ただの興味だけできたが、こんなに多くの子供達が死んだ事におどろくばかりだった。

十月一六日がとても多くの子供達が運ばれたそうだが、この日には亡くなった子供達を思いだそうと思う…。

**（北上市　三五歳）**

本当にこんな事があったなんて、今の自分のまわりを見てみると信じられません。本当にひどいことです。二度とこんな悲しい事がおこらない様に願います。

すばらしく感動いたしました。

これらの絵や詩を保存し、残して下さった方々に感謝致します。後の時代の人々に、永く伝えなければならない大事なことと思います。

**（花巻市　三八歳）**

何もない中、空腹にも絶えながら、こんなすばらしい絵を書けた事にほんの少し救われた思いがしました。

今の子供達にこんな思いはさせたくないとつくづく感じました。子供（六歳）もずいぶん感じるところがあったようです。

**（市内　一七歳）**

書かれた絵の色使いが明るいのにおどろいた。

一四歳といったら、一番希望がある年なのに、そんなときに殺されてしまうなんて。今、大学進学で毎日先生によびだされ、しかられているのがぜいたくだと思った。

受験勉強で一時二時までおきているのがつらいと思っても、このこたちは勉強すらできなかったのだ。私は、このこたちの分も沢山勉強して、ぜったい大学に合格する！

**（花巻市　八歳）**

お母さんから、はなしをきき、もうそんなことがおきないように。

**（花巻市　三三歳）**

子どもも一緒に来ましたが、一つ一つ説明しているうちに、胸がいっぱいになり、声がつまってしまいました。二度とこのようなことがないよう、子どもたちを守っていかなければと思います。

**（市内　一七歳）**

アンネ・フランクの本などを見てナチスのことやガス室で殺されたなどのことは知っていたが殺される前に子供たちがこんなにもいろいろな多くの絵を書きのこしていることは知らなかった。一六歳になる、つまり使える人材にならなければ殺されてしまうというのもおそろしく信じられないことだと思った。今、幸せに暮らしている私達はこの平和と今の時代に生まれたことをもっと大切に思わなければならないと改めて感じさせられた。

**（東和町　三七歳）**

あんまり重いものを見せられた——という気持ちです。胸がしめつけられるような思いです。

本当に戦争の残したものの大きさに恐ろしさを覚えます。絶対にあってはいけない事だと、今、自分の子供達を目の前にして思います。

**(花巻市　四五歳)**

子供たちの叫びを、私はかすかに聞いたと思った。

テレジンとは、どういう役割を持った収容所であるかもわかった。ふと、今の、今も、でも、世界のそこ、ここで、悲鳴をあげている子供たちの叫び、信号にも、振り返り、手を差しのべねばと、素直になれたし、行動をする。


**(北上市　九歳)**

わたしは、絵をみたら字のかいてある、いんさつようの紙のはしっこでつくっていたりしてました、えのなかの年でわたしより一つしたの八歳とか同じ九歳が少しいました。ドイツの人はいじわるだと思いました。生きている人のえは少ししかなかったのでかわいそうに思いました。もうこんなことなければいい、と思いました。

私が今まで本で知っていた事実とは、違う面から見て、かえって戦争の悲しさがむねにせまってきます。子供の絵の中の太陽の顔、子供達が必ず書く太陽を見て、又悲しくなりました。

子供が戦争の本や前に丸木美術館に入って原爆の図をまえにした時、「こわいから見たくない」といっていましたが、今回は子供たちの明日への希望をつなぐ絵を見て、直接的な戦争の絵ではなかったことが、かえって子供の心にすんなり入っていけたかなと感じます。

昨日の講演ありがとうございました。


**(市内　三九歳)**

小さい子どもを三人もつれてきたのでゆっくりみられませんでしたが、その子どもたちが、

「この人たちは大人?子供?」

子供だよと申しますと
「どうして子供なのに死んだの?可哀想だね……」


**(北上市　三五歳)**

ほんとうの悲しみに出合った様な気がする。

無意味な民族主義が再び復活しない事を願う。

平和の重要性を感じました。

ありがとうございました。


**(花巻市　六三歳)**
○収容所《テレジン》での余りにも悲惨な生活の中で描かれた絵、そして詩は永久に〝平和〟を希《ねが》う最も貴重な証言であることを子供達の〝絵〟を見て痛感す。
○純粋にして無邪気な子供達!その数多くの子供達が悲劇極まりなき〝戦争〟により死の道へ——合掌——。尊厳である生命の大切さを改めて当展で強く感じました。

**(五〇歳)**

極限の中で描いた明るい絵を見ると、心は自由、心までもしばれるものではないと思いました。

戦争は絶対いけない!


**(花巻市　四三歳)**

あらためて平和の尊さを痛感した。これから後も平和が続くよう私達大人が頑張らなくてはならないと思う。

今の日本の平和をテレジンの子供達に与えられるものならば……。日本の子供達は本当に幸福だと思う。

（盛岡市　三五歳）

テレジン・アウシュビッツで起こった事、それが、私達と同じ人間がした事であることを忘れてはならない。我々が同じ事を行ったあるいはこれから行う可能性が無いとは言えない現実を深く受けとめるべきと考える。そのような思いを何かの形で次世代に続けたい。

六歳・三歳の二人の子供を持ち、テレジンの被害者のかなしみに胸を熱くしながら、加害者が人間であることを深く心にきざみました。

（愛知県豊明市　二三歳）

悲しい出来事であるが愚かな行為を繰り返すことのないよう、このような企画は継続して行くべきである。そうでもないと物事をすぐ忘れてしまう人間という動物には進歩が見られないだろうから。

全ての人間の内に潜む無用な憎しみ悪を乗り越えるために。このような展覧会を催して頂きありがとうございました。

（花巻市　三二歳）

過ぎ去ったこの事実を今に生かさなければいけないと思う。絵の中にある子供たちのすなおな気持ちを今の私たちがぐんと感じなければならないと思う。

一人、一人が、一歩一歩心から立ち上がって二度と子供たちを初め、人間の悲劇をつくってはいけないと思う。このようなあやまちはゆるされてはいけないものだ。

（岩手郡滝沢村　三二歳）

ため息ばかりがもれてしまった。将来ある子供たちを東へ送らせたナチに憎悪を感じる。子供たちの絵は、現実の苦しさだけでなく、夢が描かれているところに多少の救いを感じたが、逆にそれはそれであわれでもある。

ナチがユダヤ人を迫害した事実もあったが、日本人も、朝鮮人の強制連行等の他民族迫害の歴史を背負っている。この現実も直視しなければならないと、今回の展覧会であらためて思い起こさせられた。

（東和町　三六歳）

とても言葉で表現できません。

あまりにも、残こく過ぎて、人間がとても恐ろしいものに思えてきました。

（北上市　三三歳）

大戦が終わり、何十年という月日が流れ、その記録がうすれている中で、ユダヤ人迫害の事実は、いつまでも、いつまでも語りつがれている。人類の財産ともいえる、若き少年、少女を単なる狂気のもとに数限りなく殺してしまった。これもまた人間のしわざ。その中において、子ども達が日々苦しい生活の中、こういった作品を残した。これはまた人類の財産となり、より強く人間の犯した大罪をいさめてくれるものとなるでしょう。

（花巻市　四三歳）

子供達がどんなに生きたいと希望したか自由になりたい、両親と暖かい家にすみたいとあたりまえのことを一番の幸福に願っていたのが、本当に良く分りました。ほう食時代に生れすぎてあまりにも身近の幸福に気付けない自分達のおろかさが良く分ります。

**（花巻市　五九歳）**

この展示を観る迄は自分と同年代とは気が付きませんでした。あまりのショックで、自分の感情をおさえる事が出来ませんでした。こんな事が二度と起きない様に、一人一人が手をつなぎ、どう力しなければと、そしてこの事をいつまでも語り伝えなければと思いました。

**（花巻市　一二歳）**

アンネやユダヤ人の人たちはかわいそうでした。ヒットラーという人はわるい人だと思った。今は、おいしいものもあるし、わるいことをする人もいないし、幸せだなあと思った。自分のふくのけいとや、かみのけを使って楽しいことなどを書いた。その絵が、すごいと思いました。

**（花巻市　四〇歳）**

ただ、ただ戦争を憎む。

戦争は、狂気である。子供達を平気で殺してしまうのだから。全く、残念でならない。胸がしめつけられ、胃が痛む思いだ。かつて、日本もアジアで同じことをしたのだ。我々の先輩たちが…。そして、今だに戦争はなくなっていない。なんて寂しいことなのだろうか。

**（花巻市　六一歳）**

最終日の六時すぎ絵や文をみることが出来ました――何と悲しいことだったのでしょう。日本式に云うと慰霊の碑でもつくってやらないと心が落ちつかないような気持ちで一杯です。見学に来ている親子の会話の少ないのに残念でした。説明がないのです。家に帰ってからでも話てほしいですね。同年代の子供達はどれ位みてくれたでしょうか機会をみて子供達に伝えたいです。

**（花巻市　一四歳）**

テレジンの子供達の絵はとっても上手なものばかりでした。ほとんど絵は私と同じくらいの歳の子供が書いたものでそんなに若いうちにナチスによって殺されたのがとてもかわいそうでした。食べるものも着るものも、戦争によってうばわれてしまった子供達がたくさんいることを知り、戦争は絶対にしてはいけないと強く感じました。日本はとても平和でよいと思います。

**（東和町　四三歳）**

「覚えていてください、わたしたちのことを」

私も見たり、聞いたりしたことは忘れず、見たり、聞いたりしなかった人に教えてやります。このような幼い子供達が――胸が痛くなります。

アンネ・フランクの本でも、恐しいと思ったがテレジンの子供達はそれ以上の目にあっていたんですね。

中学校の教師をしていますが、子どもたちの年齢がちょうど同じ頃ということもあり、耐えがたい気持ちで絵を観ました。子どもたちの絵は明るいものも多く、特にクリスマスの絵には楽しい思い出を描いたのだろうなと思い、たまらない気持ちでした。

そして、もう一枚、母親と引きはなされたときの絵は暗く表情も苦しく、本当に魂の叫びともいうべき絵でした。このように、子どもたちが悲しい思い苦しい思いをするような世の中は決してあってはならないと実感しました。

**（花巻市　四二歳）**

やっと最後の日に見に来ることが出きました。一時間では一枚一枚の子供の心情を思いながら見るにはとても短い時間で残念に思います。

娘と共にこの機会を得ることが出来幸せに思います。楽しい絵もたくさんあり指導の先生の生きることへの熱意、指導のすばらしさを感じました。

**（花巻市　三七歳）**

ナチスのとった行動も日本のとった行動もどこか似ている気がしている。ナチスのユダヤ人に対し、きょうせい労働、日本の朝鮮に対しての同じようなこと。

自分たちの暮しが人のぎせいに変えて生きること、戦争の道をとったこと、今の日本では、考えられない。平和は、なによりかえがたい。

**（花巻市　一〇歳）**

自分たちのかみのけで、つくったえがいんしょうにこりました。いろんなところから、一五、〇〇〇人の人々がきて、はたらいて、ガスしつへおくられたりして、かわいそうだと思いました。

**（花巻市　三五歳）**

前回、見た時はアウシュビッツ収容所のようすが、よくわかり、そのざんこくさに胸をいためましたが、今回子どもたちが描いたという絵とかを見て、楽しそうな遊園地の絵とかが印象にのこりました。

どんな気持ちで、書いたのかと思うと、本当に戦争はいけないことだと思います。

**（花巻市　五九歳）**

衣食住の不自由のない生活をあたらめて有難くおもいました。戦争がない国であるように切にねがう気持ちです。

**（矢巾町　九歳）**

こんなに多くの人が、アウシュビッツや列車の中で、いのちをなくして、もう、こんなことには、なってほしくないのです。あと、せんそうは、ぜったい、やめて、へいわな、世界になってほしいです。

**（花巻市　五三歳）**

絵を見て本当に苦しかった様子が一目に見える様な気がしました。私も、戦争を少し知って居ますが、この様な苦しい事は二度とないような世界になってほしいものだと思います。

**（石鳥谷町　四三歳）**

心に感じたことがいっぱいあってもことばに出てこない。これから先、このような事が決しておきてはいけないのはもちろんだが、この子供達の心を感じとり安らかにと思うだけです。

**（胆沢町　六一歳）**

過去に目を閉ざす物は現在もまた盲目となるとの謂れを改めて思うことでございます。

**（市内　三二歳）**

言葉がありません。

私も二人の子供を持つ親として、こうした事が二度とあっては、いけないと、感じさせられました。

**（花巻市　六二歳）**

　とても人間のした事とは思えません。

　今でもどこかで戦争があるのは悲しい。

**（花巻市　六三歳）**

　絵を見たら、この一人一人がどんな思いで、一筆一筆書いただろう……。心の底から、人間としての、悲しみと同時に恐ろしさを感じました。

　日常生活の中で少しでも、子供達にも人間としての生き方をしんけんに言い聞かせたいものです。

**（花巻市　二九歳）**

　戦争が早くこの世からなくなってほしいと思う気持だけです。

**（東和町　二七歳）**

　胸のしめつけられる思いで、拝見させていただきました。今は遅まきながら皆様のごめい福をいのりたい気持ちがします。本当に平和に感謝したいですね。このめぐまれた平和が当り前だと思っている我が家の子ども達になんと言って話してやったらと思ってしまいました。

　昨夜テレビでこの企画を知り早速来て見ましたが今日が最後なのですね。一五〇〇〇人が収容所に送られたのに一〇〇人の子どもしか帰れなかったこの事実、ずっと平和が続く事をいのりたいです。

**（花巻市　三五歳）**

　何かあついものがこみあげて来ました。時間がとれなくて子供と一緒に見る事ができませんでしたが、パンフレットで少しずつでも伝えようと思いました。

**（花巻市　九歳）**

　せんそうをする前は、へいわだったのに、せんそうのあいてにつかまって、女の子までまるぼうずにされて、病気にもなったりして、かわいそうだと思います。それに、一日のごはんも少ないし、詩や、文みたいなのを見ると、せんそうのあい手は、とてもひどいと思いました。

**（花巻市　一九歳）**

　収容所で書かれた絵とは思えないほど、明るい色調で楽しそうに遊んでいる絵が多かったので、おどろきました。苦しい収容所生活の中で絵を描くことが、子供達にとって、どんなに心のささえになっていたことだろうと思いました。でも、そんな絵の中に知らず知らずの内に三段ベットが描かれていたり、楽しそうに遊ぶ子供の胸の所にユダヤの星がついているのがとてもショックでした。ユダヤ人が多量に殺されていった事実を後世に伝えてゆくことは大切だし、またその事から、いかに平和が素晴らしく大切なものであるかを、改めて認識しなければならないと思いました。

**（南万丁目　一五歳）**

　ゆたかなくらしをしていると、その以前にあったくるしくてつらいできごとを、なにかのものがたりのように考えてしまいます。でも、このできごとはつくりばなしではなく、実際あったことです。

　私達ぐらいの同じ年の人、おシャレやしゅみなど、いろいろやりたい年頃に、自由のきかない生活を何年もくりかえしてきた。そのつらさはわかりません。でも、この絵や写真をみていたら、なにか今の自分にうったえかけられるものがありました。

**（花巻市　一四歳）**

私と同じ位の年の子の絵が何枚もありました。今のぜいたくなくらしをしている私には、とても分からないほど、つらい生活をしていたのでしょう。そして、私が日常書くような絵ではなく心からの気持ちを絵にたくしたのでしょう。子供たちの目はみんな悲しそうです。この子たちを殺した「大人」という人間がわかりません。どんな心を持っていたんでしょう？一人でも求めようとする人間がいなかったのでしょうか？

この子たちが今の私達の生活を見たらなんというでしょう？それを考えると悲しいです。

**（花巻市　一五歳）**

たくさんの小さな子供たちがいっしょうけんめいに生きたことが絵でつたわってきた。

その子供たちにくらべれば、私は、とてもしあわせで、もう、わがままなんていっていられないと思った。

ナチスが一日だけ、人にみせるからといって、いい服を子供たちにきさせて、その日だけイワシのかんづめをたべさせたときのことを知って人をなんだと思っているんだとはらがたった。

**（花巻市　一四歳）**

二度と戦争はしたくないし、してほしくない。

**（一三歳）**

子供たちの自由までもうばってしまった大人がゆるせません。私たちがすごくぜいたくだということもわかった。どんなに苦しい生活にもたえて子供たちはえらかったと思う。

**（北上市　四一歳）**

東北では仙台と花巻だけとか、もっと多くの人達に見てもらうと良いと思うのですが…。

貴重な時間をもてたことを感謝します。いっしょに来た一六歳の娘はどんな感想をもったでしょうか？

**（花巻市）**
○小さい子供が夢にみた絵を工夫してかいていてすごかった。まだ幼いのに、みんな殺されてかわいそうでした。
○自分の子供とおなじとしごろでころされ、なんともいえない気持ちにさせられます。
人の命のとうとさをあらためてかんじさせられました。

子供もつれてきてよかったと思います。

**（花巻市　三五歳）**

幼稚園にて、野村先生の講演を聞かせていただき、とても感激致しました。お話をきいた上で、この展示を見たことは、とても意味のあることでした。

戦争を体験したことのない私達ですが、少しでも、その当時のことがわかり、とてもつらかったです。そして、今の時代がどんなに平和であるかを知らされました。

（一関市　三一歳）

私達の生活も一歩まちがえば、テレジンやアウシュビッツになりかねない。今私達は何をどうすれば良いのか、子供達へ伝える事が戦争の残酷さだけで良いのか。

わからない。書けません。


（市内　五〇歳）

こんな平和な中でいつも不満ばかり言って暮らしている事がはずかしくなりました。帰って高校生の子供に今見た事をしらせ、良く話しあいたいと思います。


（花巻市　三六歳）

私の家の長女は、とても絵を描くことが好きです。毎日のように絵を描いています。切ったり、はったり、かわいらしくてステキな絵だナァーと、いつも関心します。ところが今日拝見したテレジンの子供たちの絵の中で、とてもよく似たきれいなかわいい絵がいくつもあるので驚きました。

自分の子供と、テレジンの子供たちがダブって見えて、とても胸が痛くなります。

いつまでも、テレジンの子どもたちのことは忘れません。そして、二度とこのようなことのないよう祈りたい。


（花巻市　四四歳）

胸をしめつけられました。

戦争は人をくるわせてしまうんですね。平和のありがたさ、尊さを感じました。この展示会を開催いたゞき本当にありがとうございました。


（花巻市）

戦争の悲惨がこの絵でますますわかり、絵を見ながら涙が出て来ました。

見に来てよかった。ありがとうございます。


（花巻市　三五歳）

全ての自由をとられ、たった一つの生命までをとられ、その中で心の自由をえがいた数々の人々の作品には感動致しました。もし、自分がこの中の一人だったらと思うと涙を流さずにはいられませんでした。絵を見ながら手を合わせました。人間が、人間の生命を奪うということは、絶対してはいけない事です。

命の大切さが伝わってきます。


（東和町　三四歳）

私は七年程前にイスラエルのキブツで三ヶ月暮らしました。そこでも、アウシュビッツの写真展を見たり、キブツメンバー（ドイツ系）から戦争の時の話、イスラエルに来るまでの話を聞かせてもらいました。

今日の展示会で再び思い出しながら、決して私たちは、あの戦争（私は実際には知りませんが）を忘れてはいけないし、私の子どもたちに伝えていきたいと思いました。この企画をなさった方々の御努力はすばらしいと思います。ありがとうございました。


（稗貫郡大迫町　六二歳）

きのうテレビで見てすぐ来ました。この感激はもう忘れる事はないでしょう。生きのこった人のお話をききたいと思いました。

た。日本中の人に見せたいと思います。

同年代の私は人事とは思えず本当に気の毒に思いまし

**（花巻市　二九歳・五歳）**

一枚一枚の絵を拝見し、収容された子供たち一人一人の様々な思いが、心の奥底に深く伝わり、思わず涙があふれ、胸が熱くなりました。

たくさんの子供たちが犠せいになり、今、私たちが、こうして平和な日々を毎日、すごしていられることを、もう一度新めて見なおして見るとともに、二度と残こくな戦争を起こしては、ならないと思いました。

**（花巻市　三七歳）**

「涙が出そう！」五歳の子が言いました。胸にせまるものがありました。今の幸福に感謝せずにはいられません。ぜひ多くの方達に見ていただきたいと思います。

**（花巻市　七〇歳）**

平和な世の中に住んでいると残酷な戦争のことを忘れ勝ちです。然し、絶対忘れてはならない多くの次の時代の青少年に理解させなくてはいけない。

**（石鳥谷町　三八歳）**

感情が先になり涙々。

私も三人の子供の母ですが、何もわからない子供達までまきぞえにしてしまう戦争。この様な事は世界中のどこにもあってはならない事です。親として一人の人間として子供達のすこやかな成長を願うばかりです。

**（紫波町　七七歳）**

1、戦争は二度と繰り返したくない。

2、如何なる理由も人間を殺し合うことをしてはならない。

3、展示された絵は天才的な絵に思われる。

**（紫波町　七五歳）**

今朝テレビで見、すぐ出て来られず午後住所ききつつ参りました。本当に来て拝見しまして数々の絵、ただに感激致しました。あのむごい戦争をふたたびはくり返さぬ事祈りつつ、幼き子供が収容所に連れて行かれる心情ただただあわれを…そしてこの事を今の少年少女も知って物質他の面で大切にして次の代に生きてほしいです。

**（花巻市　六三歳）**

愚者のもつ強権は狂剣なることを知りました。指導者は賢者でなければなりません。平和のありがたさを折にふれ噛みしめる必要があります。

**（花巻市　六三歳）**

オリジナルな絵の前にたたずんだ。廃品の紙を利用して、ひたすらペン、そして絵、こどもたちの命は絶たれても平和へのメッセージが伝わってくる、残っている。花巻にも記念館の一日も早い日を望む一人です。

**（花巻市　六〇歳）**

いつもながら、涙の出る思いで見させていたゞきました。戦争のこわさが、つくづく感じさせられます。子供達の事を思い出し、今の日本の子供の幸を思うと、死んで行った子供達がかわいそうでなりません。平和のありがたさが身にしみます。

**（花巻市　六五歳）**

何年か前にアウシュビッツの本を涙を流しながら読んだことを覚えています。昨日テレビで文化会館に展示されていることを知り是非見たいと思ってきました。私も仙台空しゅうで戦争を味わいました一晩で何千人の人が死んだり負傷をしたりしました。今日幼い子供達の絵を見て運命にしてはあまりにもひどい、ごめいふくをお祈り致します。

**（石鳥谷町　五四歳）**

可哀そうで胸がふさがる思いでした。

二度とこんな悲しいことがおこらないように願い乍らみさせていただきました。

**（石鳥谷町　六一歳）**

平和運動の必要を強く感じました。

このような活動は是非続けて下さい。

**（宮古市　六一歳）**

十月二二日のテレビ放映でチラッとみて、是非見たくなり、沿岸の方から主人の車で、のせられて参りましたが、初めて此のような催しをみて、子供達の絵に感動したり、アウシュビッツへ送られた九歳～一四歳の子供達を処刑した大人たちに立腹して、怒りがしずまりかねて…困りました。子供達に恥ずかしくないのか、大人の愚かな行動に…世の中にこんなことがあってはならないとつくづく思いました。人命の重さは地球より重いということを忘れないで一人一人が此の気持ちをもちつづけてほしいとつくづく思います。

**（花巻市　四七歳）**

涙なくしては見られない展示会でした。私たちは幸せを当り前に受けとめていて、戦争の恐ろしさを忘れかけていました。

とてもかなしそうでジーンときました。

むねんだっただろうと思います。すばらしい絵ばかりだったと感動しました。〝魂のさけび〟戦争は絶対にいけないと思う。

**（花巻市　三五歳）**

どんな時でも時代でも子供は夢をもち明るくのびのびと生きて行こうとしています。それを助け育てるのが大人の義務であると思います。すばらしい絵をありがとうございます。明るく平和な世界を！

# あとがき

私は母の実家、北海道石狩郡当別町に生まれ、八歳の時、中国で戦死した父と死別しました。母は二十八歳で戦争未亡人となり、私と妹を寺の住職代務者となって苦労して育てて来ました。祖父も二代にわたり住職をやり母と二人で私たちを育ててくれ、私が大学三年生の時亡くなりました。私は十八歳の時、円錐角膜という原因不明の眼病になり、弱視の生活をすることになりました。

順天堂病院で手術をしましたが、現在もまだコンタクトレンズを入れて三十数年弱視の不自由な生活がつづいています。

二十八歳になって県立黒沢尻北高校を退職、寺の住職となり、花巻市内で最初の私立幼稚園を開設しました。仏の子を育てたいと願ってまいりました。

正信偈と合掌することを教えてきましたが、仏の子は大きく育ち、全国各地で活躍しています。仏教精神をもって仕事に勉強に精進していることと思います。

遡る平成四年、平和への願いをこめて父の五十回忌にレコーディングをしたいという永年の夢がやっと実現しました。作曲家のながさわひでを先生や、山川プロダクションの山川社長の御指導のおかげであります。テープ・CDの歌のタイトルと此度の本のタイトルを同じにしました。平和の尊さ、生命の大切さを多くの方々に訴えたかったからです。そしてユニセフ（国連児童基金）を通して開発途上国の恵まれない子供たちへ支援したかったのです。この本の出版とレコーディングは、私の生涯の仕事の総決算のつもりです。

山谷労働者の自立のために生命をかけてこられた梶大介さん御夫婦や難病とたたかいながら生きぬいてこられた佐藤力子さん御夫婦との出会いは私を本当に元気づけてくれました。レコーディングする気になったのも本を出版する気になったのも梶さんや力子さんのおかげです。

又、常に私を支えてくれた門信徒の皆様、幼稚園の先生方や子供たち、くじけそうになった時、御縁をいただいて御講話いただだいた私の尊敬する先生方、和田桐先生、高史明先生、広瀬果先生、宮城顗先生、池田勇諦先生との出会いも生きる力を与えてくれました。毎月花巻大谷学園においでになり、御教示下さっていた常盤知暁師、丸田善明師、信楽秀道師、門徒の方々、幼稚園の先生方と一緒に「歎異抄講義」「観無量寿経講義」「正信偈講義」「阿弥陀経講義」十数年間きかせていただきました。ありがとうございました。

沢山のすばらしい人々に出会った私の人生は、五十歳をすぎてから特に充実したものになったと感謝しております。仏法に重々無尽、各々安立と説かれてありますが多くの人々のおかげで仏法に遇わさせていただき、今日まで生かさせていただいたことだとありがたく存じます。私は私らしく私でなければできない如来より賜った私の課題を背負い、聞法の歩みをつづけて参りたいと思っております。生きるということは競いあうことではなく、わけあうこと支えあうことだと知らさせていただきました。人類の恒久平和を願い私のささやかな平和運動をこれからも一歩一歩進めて参ります。又、平成元年四月一日からユニセフ（国連児童基金）の友の会を広げていき、若者から御老人に至るまで幅広く会員になっていただき、共に生きる世界の実現に微力をささげて参りたいと念じて歩んできました。今後ますます御指導、ご支援をお願いします。尚私は、妻と２人でユニセフ、国境なき医師団、プラン・インターナショナル・ジャパン、ワールド・ビジョン・ジャパン、ペルシャワール会、等へ毎年協力、支援金を送金させていただいています。

今年は、宮沢賢治生誕１２０年の年です。「世界が全体幸福にならないうちは個人の幸福はありえない」と賢治は言われました。

昨年私は第1回花巻国際平和音楽祭を「なはんプラザ」で開催しました。花巻イーハトーブ親善大使古川精一先生（バリトン歌手、二期会会員）の音楽指導監督により大成功致しました。

台湾、韓国からの一流歌手が出演いたしまして、又、「宮沢賢治児童合唱団」も昨年、古川先生のご指導で、設立され、花巻国際平和音楽祭に出演しました。今年も十二月八日に「第2回花巻国際平和音楽祭」を開催する予定です。

又、「人の世に平和を」と願って皆様が歌います。「過去に目閉ざす者は現在に対しても盲目に」ということばを心に刻み、しっかり皆様が歌います。

人の世に平和を願い歩んできた過ぎし日々をふりかえり、次の世代の子供達に向けて恒久平和を願い、私の八十年（傘寿）の節目の書とさせていただきます。

平成二十八年九月　平和憲法九条を守る花巻市民の会代表　林　正文

# 人の世に平和を①　唄 林 ただふみ

林 ただふみ　作詩　　ながさわ ひでを　補作詩・作曲　　安形和己　編曲

あゝ父《ちち》なる輝《かがや》き太陽《たいよう》の
恵《めぐ》みにあまねく尊《とうと》きを
分《わ》けあう慈愛《じあい》のよろこびは
汝《な》がため　我《わ》がため万物《ばんぶつ》の
願《ねが》う平和《へいわ》の幸《しあわ》せを
願う平和の幸せを

あゝ母《はは》なる大地《だいち》よ大海《だいかい》の
はぐくみ育《そだ》てしやさしさを
伝《つた》えん未来《みらい》のわらべらに
汝《な》がため我《わ》がため万物《ばんぶつ》の
願《ねが》う平和《へいわ》の幸《しあわ》せを
願う平和の幸せを

あゝ聖《せい》なる星座《せいざ》を仰《あお》ぎみて
戦《たたか》いなき世《よ》のやすらぎを
願わん真《まこと》の人間《ひと》として
汝《な》がため我《わ》がため万物《ばんぶつ》の
祈《いの》る平和《へいわ》の幸《しあわ》せを
祈る平和の幸せを

# 命のうた②　唄 林 ただふみ

林 ただふみ　作詩　　ながさわ ひでを　補作詩・作曲　　安形和己　編曲

あなたの愛《あい》が
おしえてくれる
生《い》きてることのよろこびを
風《かぜ》のささやき　雨《あめ》うつ音《おと》に
胸《むね》のやすらぎ　真実《しんじつ》の
きこえて来《き》ます　命《いのち》のうたが

あなたの愛《あい》が
ささえてくれる
手《て》をとり歩《あや》む　杖《つえ》となり
苦難《くなん》さだめの道《みち》なき道《みち》に
辿《たど》る標《しるべ》のはげましを
心《こころ》にやどす　命《いのち》のうたが

あなたの　愛《あい》が
おしえてくれた
さえずる小鳥《とり》のかたらいに
この身《み》つらさをわすれることを
めぐる今日《きょう》の日《ひ》倖《しあわ》せと
微笑《ほほえみ》かわす　命《いのち》のうたを

**著者プロフィール**

林　正文
1936年（昭和11年）北海道石狩郡当別町に生まれる。

早稲田大学第一文学部卒業。大谷大学大学院終了。60才で大谷大学大学院修士課程卒業。

専大北上高校教諭、県立福岡高校教諭、県立黒沢北高教諭、私立大谷幼稚園園長をへて、現在、岩手県花巻市（愛宕町7番53号）真宗大谷派妙円寺住職。

花巻大谷学園理事長、NPO法人花巻寺町文化村理事長、ユニセフ協会花巻友の会会長、妙円寺平和記念館館長。

**人の世に平和を**

——次の世代へ平和を手渡すためのお母さん方へのメッセージ——

第二版　平成28年9月21日　第1刷

著者　林　正文（はやし・ただふみ）

発行者　細矢　定雄

発行所　有限会社ツーワンライフ

〒028-3621　岩手県紫波郡矢巾町広宮沢 10-513-19

電話 019-681-8121　FAX 019-681-8121

定価　1,500円（本体 1,456円）



ISBN 978-4-907161-71-2

# ―兵《ひょう》戈《が》無《む》用《よう》―

**世界の平和を願い　いのちと人権を守る**
**東日本大震災　2011年を心に刻む**
**毎日朝夕勿忘《わすれな》の鐘ならしつづける**

## 妙圓寺
# 平和記念館
## （NPOコンサートホール開館）

NPO法人（特定非営利活動法人）花巻寺町文化村
ヒューマンサポートセンター

御案内

真宗大谷派
石林山 妙圓寺
本堂創建　214年（江戸時代　享和元年・1801年）
歴　史　838年（治承元年・1177年）
（花巻駅より徒歩5分）
NPO法人 花巻寺町文化村協議会事務局
〒025-0071
岩手県花巻市愛宕町７－53
TEL & FAX　0198（23）5439
花巻駆け込み寺　0198（23）5439


へ、沖縄産「相思樹《そうしじゅ》」。参議院議員、糸数慶子氏より寄贈木。平成二十六年七月二十一日植樹してもらった。
ト、「被爆アオギリ二世」。広島で被爆した苗から育てた「アオギリ二世」である。
チ、広島原爆で被爆した梵鐘。岩手県被爆者団体名誉会長、齋藤政一氏より寄進される。平成二十八年二月七日。

## ▼妙圓寺境内にある著名人の墓碑

一、江戸時代、花巻城の医師で絵師でもあった松井道円の墓碑。
二、明治時代、花巻駅を寄進した伊藤儀兵衛の墓碑。
三、明治時代、花巻の貴族院議員の梅津喜八の墓碑。
四、明治、大正時代の軍医総監で日本医師会ナンバー2の医師、中館長三郎の墓碑。
五、横須賀市長で、弁護士でもあった梅津芳三の墓碑。
六、梅津善次郎の墓碑、花巻町長で宮沢賢治の父政次郎と共に曉鳥敏について仏教を学び仏教興隆につくし、大沢温泉夏期講習会四恩会の発展に寄与した。
七、盛岡銀行頭取梅津東四郎の墓碑、宮沢賢治の父政次郎の四恩会を支援した。
八、宮沢賢治の「求道すでに道である」の石碑、二十七世住職釈正文六十才で大谷大学大学院入学の際、宮沢賢治弟清六氏より贈られた。
九、「平和の鐘」「アンジャリー（合掌）の鐘」現本堂建立二百年記念に門徒有志の寄進により富山県高岡市老子制作所にて制作。花巻市立宮野目中学校生徒の「平和」メッセージが刻まれている。戦後六十年の二〇〇五年元旦より毎日朝夕、世界全体が平和になることを願い、市民門徒有志（五内川淳氏、中江勇三氏、中江博氏etc）が打ち鳴らしている。（百年間打ち続ける）
十、版画家　井堂雅夫作「宮沢賢治と浄土」「東本願寺冬景色その他展示。
十一、花巻出身の画家　渡辺芳文作「花」の絵数点。
十二、ポーランド、アウシュヴィッツ記念館館長ヴルブレフスキ氏の色紙。
十三、佐藤力子氏の「この両手に力を下さい」の絵画五十四点。（ALSと闘いながら右足の親指とひとさし指で画いた絵）
十四、「南極の石」新潟大学理学部理学博士　志村俊昭氏寄進。
十五、東映の映画監督、故志村正浩氏より寄贈された脚本、カレンダー展示。

## ▼現代高僧著名作家色紙絵画の展示

本堂庫裡に、高僧　曽我量深、真宗大谷派宗務総長　訓覇《くるべ》信雄《しんゆう》、作家　林芙美子、作家　寺山修司、俳優　三國連太郎、松下幸之助等の百数十点展示してある。

■NPO法人花巻寺町文化村「花巻賢治の学校」開校　入学随時
■ヒューマンサポートセンター事業御案内
■岩手県ユニセフ協会ユニセフ花巻友の会事務局
■仏教講座　毎月28日（午後１時）
■「老人いこいの家」茶話会　毎月28日（午後２時）
■ユニセフ平和学講座　毎月28日（午後１時）
■表千家茶道教室　毎月２回（午前10時・午後１時）第１・３水曜日
■観世流謡曲教室　毎週木曜日（午後１時30分）
■オカリナ教室
毎週火曜日（午前10時～11時）　毎週土曜日（午後４時30分～５時30分）
■囲碁教室　毎週金曜日（午後１時～５時）新岡和美先生　６段
■NPOコーラス（男声）「響流(こうる)はなまき」
毎週土曜日（午後１時～３時）本堂にてレッスン
■幼児の絵本サロン　本堂内に絵本サロン
■定例法座　毎月18日・28日（午後１時）　■仏教青年会　毎月１回
■教化委員会研修日　毎月18日（午後１時）
■いのちと人権を守る110番（21世紀駆け込み寺）☎0198-23-5439
■NPO法人花巻寺町文化村主催　第１回国際平和音楽祭
平成27年12月８日開催
■NPO法人「おせっ会」と協力　結婚相談、男女交際サロン実施
■NPO法人「おひとりさま応援団」と協力
ヒューマンサポート事業実施（おひとりさまの困ったを手伝います。永代供養、死後相続etc）
■NPO法人花巻寺町文化村「宮沢賢治児童合唱団」
平成26年に結成、バリトン歌手・花巻イーハトーブ大使、古川精一氏、ピアニスト林秀氏の指導、小学生の合唱団（入学随時）

# ▼妙圓寺の由来

滋賀県の念仏行者僧玄祐が青森県の恐山に参詣の後、花巻の地に立ちより四日町順覚寺西隣に草庵を結んだのが治承元年（一一七七年）であった。妙圓寺の開基は八二四年前である。

① 現本堂は、京和元年（一八〇一年）の創建である。今年二百年となる総けやきづくりの本堂である。妙圓寺本堂を建てた大工棟梁は宮沢兵蔵である。妙圓寺の寺号は清水甚兵衛の母の名をとって付けられたといわれている。

② 妙圓寺には八〇〇年前の作といわれる天台宗第二祖慈覚大師御真筆の阿弥陀如来の絵像がある。又浄土真宗第三代覚如上人御真筆阿弥陀如来の絵像がある。（六〇〇年前の作）

現本堂の御本尊は清水甚兵衛寄進の江戸時代の作であり、市文化財に指定されている。現御本尊の下須彌壇には、家紋があり十四軒の家の家紋付き須彌壇で珍しいといわれている。その家紋は、現本堂建立に協力した人たちの家紋だと思われる。（志村家、金子家、中江家、岸根家、永井家、伊藤家、菊池家等）

妙圓寺本尊　阿弥陀如来

③ 南条文雄真筆の山号は、明治時代の仏教学者南条文雄真筆山号「石林山」が本堂正面にある。（南条文雄は日本最初の文学博士）

④ 江戸時代の絵師、小野寺周徳のふすま絵八枚があったが、花巻市博物館に寄贈されている。

⑤ 是信房作「親鸞聖人木像」親鸞聖人の二四輩の一人「是信房」は親鸞聖人の命を受け東北地方の教化のため、秋田、岩手にきた、盛岡本誓寺よりいただいたものと思われる。

⑥ 林正因の絵像、宮沢賢治の父政次郎の命を受け、明治三十年～四十年代にかけて、大沢温泉夏期講習会の幹事となり清沢満之、暁烏敏等に四恩会夏期講習会の講師を交渉依頼して、花巻地方の仏教興隆に尽力した。

是信房作　親鸞聖人木像

南条文雄作　妙圓寺山号

⑦ 花巻小学校発祥の寺、江戸時代には妙圓寺現本堂は寺子屋として花巻地方の教育の向上に寄与した、明治の始めには、第九番小学校（花巻小学校の前身）として初等教育の場であった。

⑧ 妙圓寺二十二世住職、林正導の石碑、本堂建物正面に向かって左手にある大きな石碑は、初代花巻小学校の訓導だった林正導のことについて記した石碑である。当時の花巻町の指導者有名人が名を連ねている。日本最初の文学博士、南条文雄の書である。

# ▼妙圓寺本堂内、境内地展示品の紹介

【本堂内】

イ、中央美術協会会長千正博一作銅版画「正義のための暴力」一五〇号三点、一〇〇号十点展示、この作品は東京都美術館に展示されたものを寄贈していただいた版画である。又、平成二十二年「現代地獄絵」を寄贈され毎年八月境内に展示する。

ロ、輪島塗屏風二枚、若島宗斉作「親鸞」「蓮如」の屏風、パリ国際展入選、若島宗斉の作品は全国十ヶ所の寺院に永久保存されることになった作品である。

ハ、広島平和公園より採火した「平和の灯」本堂内陣の赤いランプに採火して展示、平和が永遠に続くように願いのこもった「灯り」である。

ニ、版画家、井堂雅夫作「浄土」の壁画三作品が本堂の壁に描かれている。

妙圓寺本堂展示場

【境　内】

イ、「兵戈無用《ひょうがむよう》」

山門に「兵戈無用」と、二十七世住職、林正文書。

ロ、アンネのバラ、「アンネの日記」作者アンネ・フランクの父オットーフランクが日本のキリスト教合唱団に贈ってくれたアンネのバラの苗十本の中から分けていただいたバラである。「平和のバラ」と言われ、平和を愛する人だけに分けて下さいと言われている。

ハ、長崎市より贈られた「平和の木・クスノ木」

長崎市山王神社で原爆に被爆したクスノ木の苗木を、長崎市式見中学校生徒より贈っていただいた「平和の木・クスノ木」である。

ニ、「念ずれば花ひらく」の石碑。詩人坂村真民作「念ずれば花ひらく」は、直筆の碑である。

ホ、平成二十二年「悲母観音像」「平和の礎」建立。開発途上国の幼な子のいのちと人権を守り平和を願う観世音菩薩、妙圓寺婦人会有志の寄進と「平和の礎」石碑は妙圓寺責任役員高橋弘毅氏の寄進。

アンネのバラ

「念ずれば花ひらく」の石碑